DRESSLER

Laura Hofmann ist Germanistin mit über 7 Jahren Erfahrung in der Buchbranche. Derzeit arbeitet sie in politisch-literarischen Projekten, unter anderem, um Wirmuesstenmalreden bei ihrem Debüt »Dear Discrimination« zu begleiten.

Felicia Ewert ist Politikwissenschaftlerin, (freie) Autorin und politische Referentin zu den Themen Transfeindlichkeit, Transmisogynie, Sexismus und Homofeindlichkeit.

Fabienne Sand beschäftigt sich als Autorin und Redakteurin mit gesellschaftspolitischen Themen. Ihre Schwerpunkte sind Rassismus, Sexismus und Gleichberechtigung, Popkulturelle Kontexte oder die Entwicklung von Bildungsformaten.

FEMINISM IS FOR EVERYONE

Argumente für eine gleichberechtigte Gesellschaft

Fabienne Sand · Laura Hofmann · Felicia Ewert

Dressler Verlag Hamburg

Dieses Buch wurde klimaneutral produziert. Dadurch fördern wir anerkannte Nachhaltigkeitsprojekte auf der ganzen Welt. Erfahre mehr über die Projekte, die wir unterstützen und begleite uns auf unserem Weg unter www.oetinger.de

Originalausgabe
1. Auflage
© 2021 Dressler Verlag GmbH,
Max-Brauer-Allee 34, 22765 Hamburg
Alle Rechte vorbehalten
© Text: Felicia Ewert, Fabienne Sand, Laura Hofmann
Satz: Arnold & Domnick, Leipzig
Druck und Bindung: GGP Media GmbH, Karl-Marx-Straße 24, 07381 Pößneck, Deutschland
Printed 2021
978-3-7531-0031-5
www.dressler-verlag.de

Inhaltsverzeichnis

1. Feminismus... 7

2. Sexismus 15

3. Rassismus...31

4. Transfeindlichkeit 58

5. Allyschaft: Was bedeutet Allyschaft für euch,
Felicia, Fabienne und Laura? 84

6. Gleichberechtigung: Was bedeutet eine
gleichberechtigte Gesellschaft für euch,
Fabienne, Laura und Felicia? 93

7. Quellenverzeichnis und weitere Quellen......................99

Kapitel 1: Feminismus

Laura: Wer schreibt

In den Händen hältst du ein Buch, das Themen des inter-
sektionalen Feminismus verhandelt – und dies auf ganz
bestimmte Weise tut. Da wir, die Autorinnen Fabienne
Sand, Felicia Ewert und Laura Hofmann, kein kollaborati-
ves Sachbuch geschrieben haben, wollen wir noch ein paar
Worte zur Form äußern, die wir gewählt haben, um mit dir
ins Gespräch zu kommen. Dies ist kein Fachbuch, das den
Begriff »Feminismus« und seine vielen Subthemen wissenschaftlich erklärt. Vielmehr haben wir uns für den gemein-
samen Schreibvorsatz entschieden, praxisnahes Grundlagenwissen zu vermitteln und dabei beides, den Anspruch
eines thematischen Überblicks und unsere persönlichen
Erfahrungen, zu berücksichtigen. Aus dieser Überlegung
heraus erklären sich auch der Buchaufbau und die Themen-
verteilung der autorinnenspezifischen Einzelkapitel. Dieser
Band ist zwischen feministischer Theorie, Aktivismus und
den Selbsterfahrungen dreier Menschen zu verorten, die
aus ihren eigenen Lebenswirklichkeiten heraus schreiben.

Im Diskurs bleiben

Wir schreiben also aktivistisch, essayistisch und manchmal

auch autobiografisch. Wir wollen das Spektrum feministischer Themen und gesellschaftlicher Diskriminierungsformen aufzeigen, uns aber nicht die Erfahrungen von Menschen, die andere Intersektionen als wir besitzen, aneignen. Dieses Buch ist daher ein Überblick, der keinen Anspruch auf Vollständigkeit erhebt. Der Text wurde in dem Wissen darum erarbeitet, dass Feminismus und Aktivismus im ständigen Diskurs stehen. Debatten verändern sich, Theorien, Sprache und fachspezifische Begriffe werden kritisiert, überworfen und durch neue, bessere, inklusivere ersetzt. Was bleibt, ist eine gesellschaftlich ungerechte Verteilung von Ressourcen und damit auch die Notwendigkeit für ein gemeinsames feministisches Handeln.

Wahrheit und Wissenschaft

Unser Büchlein enthält trotz seiner Handlichkeit sehr viel Wissen. Was in einer Gesellschaft als Wissen anerkannt wird, ist aber umkämpft. Wir möchten dir daher den Gedanken mit auf den Weg geben, dass das Argument, nur die Wissenschaft kenne die Wahrheit, ein Trugschluss ist. Wahrheit besitzt vielerlei Kriterien. Eine davon ist Objektivität. Wissenschaft, so wird oft behauptet, ist objektiv. Aber bedenken wir auch, dass Wissenschaft und Wissen von Menschen gemacht sind. Sie unterliegen zeithistorischen Kontexten und individuellen Entscheidungen. Wenn dir also jemand erzählt, die Wahrheit zu kennen, kannst du getrost noch mal nachhaken.

How to …

Feminism is for Eyeryone – Argumente für eine gleichberechtigte Gesellschaft soll dir Anstoß und Unterstützung sein, intersektional-feministische Themen eigenständig zu vertiefen. In Kapitel 7 haben wir dir daher eine Liste weiterführender Quellen zusammengetragen, vom Fachbuch über netzaktivistische Social-Media-Accounts bis hin zu popkulturellen Formaten wie Serien, Comics oder Zines.

Felicia: Antifeminismus / Cisfeminismus

Ohne Feminismus kein Antifeminismus. So der einfache Schluss. Jedoch ist Antifeminismus keine gleichberechtigte soziale Bewegung, keine politische Strömung, die vielleicht *ein bisschen andere Ziele hat, aber im Großen und Ganzen einfach eine Verbesserung gesellschaftlicher Zustände will.*

Antifeminismus ist die direkte Antwort auf feministische Bewegungen, Forderungen, Ziele und gegen feministische Kämpfe. Er entstand nicht parallel zu Feminismen, sondern als konkrete Gegenbewegung. Eine Gegenbewegung, um an bestehenden sexistischen, patriarchalen, homofeindlichen, transfeindlichen Zuständen festzuhalten. Es geht Antifeminist:innen nicht um

Fortschritt, sondern um ein Bremsen oder auch um Schritte zurück.

Da ich, Felicia, grundsätzlich von *Feminismen* schreibe, um auf unterschiedlichste Strömungen aufmerksam zu machen, ist es auch wichtig, von *Antifeminismen* zu sprechen. Den *einen Antifeminismus* gibt es nämlich ebenso wenig wie den einen Feminismus.

Antifeminismus selbst ist in der Regel eine Fremdbezeichnung. Die wenigsten, auf die dieses Label passt, würden sich selbst so nennen. Oft tauchen Begriffe wie »Anti-Genderismus«, »Anti-Genderideologie« oder tatsächlich auch »Anti-Genderwahn« auf. Antifeminismen kommen keineswegs nur aus einer politischen Richtung, sondern antifeministische Einstellungen zeigen sich gesamtgesellschaftlich. Das Amüsante an Menschen, die sich selbst als »Anti-Gender(ideologie)« bezeichnen ist, dass sie in der Regel die gleichen Personen sind, die eine starre Zweigeschlechtlichkeit sehr erbittert verteidigen. Sie haben nichts gegen Geschlechterideologien, solange diese ihren festen Vorstellungen von Mann und Frau entsprechen. Sie könnten also korrekterweise als *Ideolog:innen der Zweigeschlechtlichkeit* bezeichnet werden. Andrea Pető bezeichnete dieses Phänomen als »symbolic glue«, also als symbolischen Kleber. Kleber, weil sich diese feindlichen Einstellungen bei vielen Menschen zeigen, die ansonsten vielleicht wenige

Gemeinsamkeiten haben. Daran anknüpfend möchte ich verdeutlichen, wie sich auch Transfeindlichkeit als ein *verbindendes* Element von Personen zeigt. Transfeindlichkeit, Feindlichkeit gegenüber nicht binärgeschlechtlichen Menschen, Transmisogynie, Interfeindlichkeit wird nicht von Einzelnen betrieben. Es sind fest verankerte Diskriminierungen in Recht, Medizin und Gesellschaft. Gerade deshalb ist es wichtig, zu benennen, dass diese Diskriminierungen ebenso in Feminismen reproduziert werden können und werden. Hierfür benutze ich deshalb den Begriff »Cisfeminismus«, um zu verdeutlichen, dass in der Regel weiße Cisfrauen im Fokus stehen, die leider ebenso häufig viele Transpersonen als Frauen vereinnahmen oder ausschließen.

Fabienne: Intersektionalität

Intersektionalität, das klingt irgendwie medizinisch und geschwollen. Dabei sind viele Menschen direkt oder indirekt von Intersektionen betroffen. Der Begriff »Intersektionalität« wurde geprägt durch die US-amerikanische Rechtstheoretikerin Kimberly Cranshaw und bezieht sich darauf, dass Sexismus als Form von Diskriminierung abhängig von verschiedenen Größen, den sogenannten Intersektionen, im Leben von Betroffenen ist. Intersektionalität betrachtet also beim Vorkommen von Sexismus die gesellschaftliche Position von Betroffenen und berücksichtigt dabei weitere Diskriminierungsformen wie Rassismus, Klassismus oder Transfeindlichkeit. Dabei soll vor allem darauf geachtet werden, dass Machtverhältnisse und Unterschiede innerhalb von diskriminierten Gruppen nicht unsichtbar gemacht werden, sodass eine Person mit allen ihren Diskriminierungserfahrungen ernst und wahrgenommen werden kann.

Ein weißer, heterosexueller Cismann der Mittelschicht, der körperlich und mental gesund ist, lebt in Deutschland wahrscheinlich ein relativ bequemes Leben. Seine Erfahrungen auf dem Arbeits- oder Wohnungsmarkt, auch solche mit Behörden oder der Polizei, sind nicht an strukturelle Diskriminierung geknüpft. Machtstrukturell folgt ihm eine weiße, heterosexuelle Cisfrau gleichen Alters, die ähnlich viel Geld zur Verfügung hat, im Gegensatz zu ihm allerdings Sexismuserfahrungen macht. An dieser Stelle setzt Intersektionalität an. Es gibt Menschen die als weiße heterosexuelle Cispersonen von Sexismus betroffen sind. Reden wir aber von einer Schwarzen Transfrau, die beispielsweise keinen Job hat, ist davon auszugehen, dass sie von mehreren Diskriminierungsformen betroffen ist. Diese Person leidet womöglich unter den Auswirkungen einer sexistischen Gesellschaft, ist außerdem betroffen von Rassismus und auch Klassismus, außerdem spielen Queer- bzw. Transfeindlich-

12

keit eine Rolle. Auch bei einer weißen Transfrau, die wenig finanzielle Mittel zur Verfügung hat, kommen mehrere Intersektionen zusammen. Sie macht nicht nur Erfahrungen mit Queerfeindlichkeit oder Klassismus, sondern muss sich auch mit Ableismus auseinandersetzen.

Die Theoretikerin Kimberly Cranshaw legt nahe, dass Schwarze Frauen häufig von feministischen Theorien und antirassistischen, politischen Diskursen ausgeschlossen werden, weil das Zusammenspiel von Race und Gender nicht angemessen beleuchtet wird. Die genannten Intersektionen bilden jedoch einen Diskriminierungszusammenhang und können nicht getrennt voneinander beleuchtet werden.

Feminismus muss intersektional sein. Das bedeutet, er muss in seiner Kritik die Gesamtheit von Diskriminierungserfahrungen, die Menschen machen können, mit einbeziehen und vor allem mitdenken, dass es Personen gibt, die aufgrund ihrer Lebensumstände häufig von solchen Diskursen ausgeschlossen werden. Feminismus muss zugänglich bleiben und darf nicht durch die Privilegien, die weißen Cisfrauen der Mittelschicht zugutekommen, bestimmt werden. Den Fokus auf die privilegierten Mitglieder einer Gruppe zu legen, macht diejenigen unsichtbar, die belasteter sind, und verdeckt Interessen, die nicht auf vereinzelte Diskriminierungsursachen zurückgeführt werden können.

Feminism is for Everyone

Im Buch führen wir viele Gründe an, warum sich feministische Weiterbildung und Teilhabe lohnt, mehr noch, warum sie im Grunde nicht mehr zur Diskussion stehen sollten. Es erzählt davon, warum wir noch nicht gleichberechtigt miteinander leben, und legt auch offen, dass Menschen das immer noch leugnen oder sogar antifeministisch und antiintersektional, (und konkret für dieses Buch) sexistisch, rassistisch und transfeindlich argumentieren. *Feminism is for Everyone* dient dir, so hoffen wir, als gute Voraussetzung, selbst über all diese Dinge nachzudenken und ins aktive Handeln zu kommen.

Feminismus ist eine politische Bewegung und will die Gleichberechtigung aller Menschen, nicht (nur) die Machtumkehr von Männern auf Frauen. Und Feminismus formuliert konkrete politische Maßnahmen gegen Diskriminierung. Worauf warten wir also noch?

Kapitel 2: Sexismus

Fragen zu stellen, ist prinzipiell etwas Gutes. Zu hinterfragen bedeutet, im kritischen Austausch mit sich und der Welt zu stehen und Systeme nicht als unumstößliche Wahrheit anzunehmen. So geschieht Veränderung. Es gibt aber auch Fragen, die darauf abzielen, Diskussionen zu stören, Argumentationen zu verschleiern und Gesprächspartner:innen in die Enge zu treiben. Und es gibt Fragen, die schmerzhaft sind, weil sie Diskriminierungserfahrungen leugnen.

Haben wir ein Sexismusproblem?
#notallmen, #aufschrei, #meetoo – erst kommen die Hashtags, dann die problematischen Fragen in Artikeln, Talkshows, Tweets und anderen medialen Beiträgen: Sexismus – Gibt es ihn (noch)? Und ist es denn wirklich so schlimm? Die Antwort auf die erste Frage ist recht einfach und lautet: Ja. Wir leben in einer sexistischen Welt, Sexismus ist eine Tatsache, und der erste wichtige Schritt ist, dies anzuerkennen. Wenn du die Existenz von diskriminierenden Gesellschaftsmechanismen infrage stellst, solltest du nun kurz innehalten und dich fragen, warum du die (Diskriminierungs-)Erfahrung anderer Menschen anzweifelst und was das eventuell über deine eigene Machtposition

aussagt. Von deinem Gegenüber aufgefordert zu werden, Sexismus zu erklären, ihn zu »beweisen«, deutet bereits das Problem der systemischen Unterdrückung an. Oft werden von Sexismus negativ Betroffene auf diese Weise in die Pflicht genommen, und genau das ist letztendlich sexistisch. Die Frage sollte also nicht mehr OB heißen, sondern das WIE in den Fokus nehmen. Nach dem WARUM fragen, um den Zusammenhang zu erkennen. Und letztendlich vor allem Antworten suchen: Was können wir dagegen tun?

Aber der Reihe nach: In diesem Kapitel bekommst du Grundlagenwissen zu Sexismus, zu seiner gesellschaftlichen, politischen und rechtlichen Verankerung, Beispiele sexistischen Handelns und inwiefern sie uns betreffen, denn »betroffen« sind wir als Gesellschaft alle. Außerdem erhältst du Hilfestellungen, um in Gesprächen dagegenhalten zu können und letztendlich für eine antisexistische Gesellschaft einzustehen. Denn Wissen ist Macht, und um Macht wird es hier noch oft gehen.

Was ist Sexismus?

»Sexismus« ist der Oberbegriff für Diskriminierung aufgrund des Geschlechts und, darüber hinaus, die fälschliche Herleitung bestimmter Charaktereigenschaften, Interessen und Fähigkeiten aufgrund dessen. Wer über Sexismus spricht, spricht über Körper, und wer über Körper spricht, ist schnell dabei, Körper mit Geschlecht gleichzusetzen. Auch Sexismus-Debatten und Genderforschung stützen sich noch oft auf die Biologisierung von Geschlechtern und das Konzept der Zweigeschlechtlichkeit. Ersteres heißt, dass sie mit der Annahme geführt werden, weibliche und männliche Körper wären mit »von der Natur« gegebenen Intimorganen, Hormonen und Chromosomen ausgestattet. Eine solch binäre Sichtweise lässt die Perspektive von trans, non-/nicht binären, intergeschlechtlichen und genderfluiden Personen außer Acht. Mehr zu den Themen Cissexismus, Transfeindlichkeit und Transmisogynie liest du im Kapitel 4.

Nach dieser Definitionserweiterung muss auch ich mir die Frage stellen, wie ich dieses Kapitel über Sexismus schreiben werde: unter Einbezug meiner Privilegien und meiner Intersektionen. Wie erfahre ich als Cisfrau Sexismus? Wie erfahre ich als weiße Frau Sexismus? Wie erfahre ich als heterosexuelle Frau Sexismus? Wie erfahre ich als nicht behinderte Frau Sexismus? Wie erfahre ich als konfessionslose Frau Sexismus? Wie erfahre ich als dicke Frau Sexismus? Wie erfahre ich als von Klassismus Negativbetroffene Sexismus?

Die Ursprünge einer Bewegung
Der Begriff »Sexismus« entstand im Umfeld der US-amerikanischen Frauenbewegung und wurde in den späten

1960er-Jahren im Englischen als Analogie zum Begriff »Rassismus« (»racism«) gebildet. US-amerikanische Autorinnen wie Pauline Leet und Caroline Bird haben ihn geprägt. Ab Mitte der 1970er-Jahre wurde »Sexismus« auch in der deutschen Frauenbewegung verwendet. In den 1990er-Jahren verschwand der Begriff aus dem öffentlich-medialen Raum. Seit 2013 und angetrieben durch die Social-Media-Kampagne #aufschrei, bei der Anne Wizorek und Nicole von Horst auf Twitter dazu aufriefen, Sexismuserfahrungen öffentlich zu machen, gelangte er zurück in den Mainstream. 2017 erlangte die Aktion #metoo große Aufmerksamkeit. Alyssa Milano, eine US-amerikanische Schauspielerin, begann unter dem Hashtag zu twittern, als die sexuellen Übergriffe des Hollywood-Produzenten Harvey Weinstein bekannt wurden. Schon 2006 gab es eine ähnliche »Ich auch«-Kampagne, die von der schwarzen Aktivistin Tarana Burke initiiert wurde, die jedoch keine vergleichbare Resonanz erhielt – ein Beispiel, das verdeutlicht, das auch in aktivistischen Kreisen Unterschiede darin bestehen, wem wie (viel) zugehört wird. Mehr dazu liest du in dem Abschnitt »Intersektionalität« in Kapitel 1 und im Kapitel 3 »Rassismus«. In der Sexismusforschung gibt es verschiedene Modelle, die es lohnt, nachzulesen, um das Thema noch besser zu durchschauen und um deine eigene Position innerhalb feministischer und aktivistischer Diskurse entwickeln zu können.

Sexismus – (wenn) ja, wie viele?

Es gibt viele verschiedene Arten von Sexismus. Sexismus ist komplex und tief in unseren gesellschaftlichen, wirtschaftlichen, kulturellen, medizinischen, politischen und rechtlichen Systemen verankert. Wenn du aktiv gegen Sexismus argumentieren willst, ist der erste Schritt, dich über verschiedene Ausprägungen von Sexismus zu informieren, denn nur, wer Bescheid weiß, kann sich bewusst dazu entscheiden, zu handeln. Spoiler: Auch ein Nichthandeln ist bewusstes Handeln.

Körper und Selbstbestimmung

Unsere Körper unterliegen verschiedenen – von Menschen gemachten – Vorstellungen, Erwartungen und Gesetzen, die Negativbetroffene gegenüber Begünstigten von Sexismus benachteiligen. Ein Beispiel hierfür sind Debatten um Abtreibungsgesetze. Sie zeigen, dass Abtreibung noch lange nicht einvernehmlich als Zeichen der Selbstbestimmung für Menschen mit Uterus diskutiert, sondern – im Gegenteil – abgewertet und kriminalisiert wird. Wenn unfreiwillig Schwangeren aber nicht zugestanden wird, selbst über ihre Körper zu entscheiden, ist das sexistisch. Selbstbestimmt Entscheidungen treffen zu können, bedeutet wiederum, uneingeschränkten Zugang zu Informationen zu erhalten. 2017 wurde die Ärztin Kristina Hänel zu einer

Geldstrafe von 6 000 Euro verurteilt, weil sie auf ihrer Website zu Schwangerschaftsabbrüchen informiert hat. In Paragraf 291a StGB wird ein Werbeverbot für Abtreibungen ausgesprochen – Werbeverbot bedeutet in der Spruchpraxis des deutschen Rechtssystems im Fall von 2017 das Verbot sachlicher Informationen und verhindert damit Selbstbestimmung über den eigenen Körper.

»Von Mann und Frau«

Dass das Verhalten von Menschen vergeschlechtlicht und mit Stereotypen verbunden wird, kennen wir alle. Uns wird erzählt, WIE Mädchen und Jungs, Männer und Frauen angeblich sind oder zu sein haben. Spoiler: Es handelt sich hierbei um erdachte Kategorien, die wir seit Jahrhunderten mittragen und die dazu dienen, Menschen zu kontrollieren und am bestehenden System Sexismus festzuhalten. Daher möchte ich mich gar nicht darin verlieren, etwaige Beispiele aufzuzählen, um sie nicht erneut zu reproduzieren. Menschen können – entwicklungspsychologisch argumentiert – alle erdenklichen Charaktereigenschaften besitzen, individuelle Verhaltensweisen und Reaktionen zeigen. Hier nur eine persönliche Beobachtung, die mir mit Blick zurück auf meine eigene Kindheit aufgefallen ist: Ich war ein entscheidungsfreudiges, selbstsicheres Kind, habe beim Spielen gern die Führung übernommen und mehr als einmal zu hören bekommen, »Laura will immer alles bestimmen«. Dass sich meine Spielpartner:innen darüber beschwerten, ist meiner Meinung nach völlig legitim. Konflikte gehören dazu, wenn Kinder versuchen, ihre Rolle(n) in sozialen Gruppen zu finden. Dass ich aber immer wieder von Erziehungspersonen in meinem charakterlichen Wesen gemaßregelt und zu mehr Zurückhaltung gebeten wurde, scheint mir aus heutiger Perspektive sexistisch. Ich bin mir sicher, dass mein »Bossy-Sein« die Vorstellungen von weiblichem Verhalten im Kindesalter gestört hat. Als Frau Führungswillen und -potenzial zu besitzen, wird ebenfalls anders bewertet als bei Männern, machen wir uns da nichts vor.

> Achtung: Cisweibliche Personen zu vergeschlechtlichen und daraus stereotype Verhaltensweisen abzuleiten, ist sexistisch und zu Recht zu kritisieren. Es kann aber auch, und so geschieht es beispielsweise in der Sexismusforschung bis heute, Indiz dafür sein, dass an einer Biologisierung der Geschlechter und dem Konzept der Zweigeschlechtlichkeit festgehalten wird. Wer Sexismus kritisiert, sollte immer auch Trans-, nicht binäre und genderfluide Personen mitdenken.

Objektifizierung versus weibliche Sexualität
Menschen dürfen sich sexuell verhalten. Als weiblich gelese-

ne Körper werden in unserer Gesellschaft jedoch anders sexualisiert als männliche. Sie werden anders behandelt und bewertet, und dies hat systemische Dimension. Sie werden zu Objekten gemacht, fetischisiert und zensiert (zum Beispiel werden weiblich gelesene Brüste und Nippel im Social Web häufig durch Verpixeln o. Ä. zensiert, wohingegen die männlich gelesene nackte Brust unzensiert bleibt), fremdbestimmt, vereinnahmt und misshandelt. Schuld daran ist nicht Sex, sondern Sexismus. Weibliche Sexualität ist daher auch immer politisch. Mädchen und Frauen wird es nicht leicht gemacht, die eigene Sexualität selbstbestimmt, lustvoll und unzensiert, ohne Bewertung oder Gewalterfahrungen zu entwickeln. Reyhan Şahin, auch bekannt unter dem künstlerischen Synonym Lady Bitch Ray, hat den Begriff »Female Sexspeech« eingeführt, um eine Alternative zum sexistischen, tabuisierenden und skandalisierenden Umgang mit weiblicher Sexualität zu bieten.

Schönsein

Frauen müssen nicht schön sein. Auch wenn es vielen von euch völlig logisch erscheinen mag, war das für mich, als ich zum ersten Mal Laurie Pennys *Bitch Doktrin* las, eine bahnbrechende Erkenntnis. Wir streben nach einem normschönen Äußeren, weil wir seit unserer Kindheit gesellschaftlich darauf konditioniert wurden und glauben, dass es unseren

Wert bestimmt. Es ist nicht zu leugnen, dass normschöne und normgewichtige Menschen gesellschaftlich höhere Anerkennung erhalten. Sie werden vom System in vielen Bereichen begünstigt. Das soll nicht heißen, dass es nicht gut und empowernd sein kann, sich schön zu fühlen oder von anderen schön gefunden zu werden. Es soll uns aber daran erinnern, dass es völlig in Ordnung ist, wenn wir Schönsein nicht als erstrebenswert empfinden, egal ob generell oder nur zeitweise. Es darf Zeiten geben, in denen uns egal ist, ob wir einer gesellschaftlichen Norm von Schönheit entsprechen, und wir können ein normschönes Auftreten auch ganz ablehnen. Beides ist okay, beides ist gleichermaßen politisch und unpolitisch.

Sexismus und sexuelle Gewalt

Wir unterscheiden zwischen Sexismus und sexueller Gewalt. Dafür sei zunächst erwähnt, dass Sexismus kein Synonym für sexuelle Belästigungen ist. Der Begriff »sexualisierte Gewalt« wird seit den 1970er-Jahren bewusst verwendet, um zu zeigen, dass es dabei nicht um Sexualität, sondern vor allem um Gewalt geht. Sexuelle Gewalt findet nicht nur in einem heterosexuellen Kontext statt, und nicht ausschließlich Frauen sind davon negativ betroffen. Wo besteht nun die Verbindung zu Sexismus? Sexismus schafft die Strukturen, die es möglich machen, in die sexuelle Selbstbestimmung anderer Menschen einzugreifen. Sexismus ist dabei nicht der einzige Grund für sexuelle Gewalt. Eine grundlegende Frage im Umgang mit sexueller Gewalt ist, welche Handlungen und Verhaltensweisen von Gesellschaft und Rechtssystem als sexuelle Gewalt eingestuft und anerkannt werden. Die Antworten darauf fallen kontextuell und zeithistorisch unterschiedlich aus. Vergewaltigung in der Ehe wurde zum Beispiel erst 1997 als Strafbestand aufgenommen.

Sexuelle Gewalt zu pathologisieren und bei sexuellen Übergriffen automatisch das Bild des »kranken« Triebtäters zu assoziieren, ist problematisch, da es Täter:innenschaft mythisiert und zum Einzelphänomen stilisiert. Sexismuserfahrungen zu individuellen Diskriminierungserfahrungen kleinzureden, ist ebenfalls problematisch. Es leugnet die strukturelle Dimension von Sexismus und verhindert damit die Einordnung in einen Gesamtkontext. Letztendlich erschwert es uns, das Problem Sexismus gemeinsam als Gesellschaft anzugehen. Es reicht nicht, sich alle Jahre wieder über die Inhalte einer Sexismus offenlegenden Kampagne erschüttert zu zeigen. Dadurch ändert sich nichts. Wir müssen beginnen, sexistische Strukturen klar zu benennen und abzubauen. Dazu gehört auch, uns selbst, unser Verhalten und unsere Beziehungen zu anderen kritisch zu hinterfragen.

Gesetzliche Quoten

Seit Mai 2015 gibt es in Deutschland eine Frauenquote von 30 % in Aufsichtsräten von börsennotierten Unternehmen mit über 2000 Angestellten. Aber: Normalerweise wird man vom existierenden Aufsichtsrat oder von Großaktionären vorgeschlagen. Das heißt im Grunde, es wird nicht rein nach Qualifikation entschieden, wie so oft in dieser Debatte um Quote seitens der Gegner:innen verlangt wird. »Qualität statt Quote«-Forderungen sind zynisch, da sie voraussetzen, dass wir in einer gerechten Welt leben und bereits Chancengleichheit besteht. Faktoren wie Geschlecht, Ethnie, soziale Herkunft, Sexualität und weitere, die bei der Verteilung von Macht wie beispielsweise der Besetzung von Stellen zum Tragen kommen, werden in dieser Argumentation nicht berücksichtigt.

Diskutieren wir solche gesetzlichen Quoten, sprechen wir meistens von der Frauenquote, also möchte ich im Folgenden kurz darauf eingehen. Frauen verdienen aus verschiedenen Gründen weniger als Männer, was mittels des Gender Pay Gap analysiert wird. Frauen arbeiten beispielsweise in schlechter bezahlten Berufen, sind öfter teilzeitbeschäftigt oder in atypischen Beschäftigungsverhältnissen, um unbezahlt zu betreuen, zu versorgen, zu pflegen und zu erziehen. Sie haben nicht denselben Zugang zu Jobs, nicht dieselbe politische, wirtschaftliche und gesellschaftliche Macht, sind in Führungsetagen und Talkrunden, auf Bühnen und Podien unterrepräsentiert. Und Frauen, so belegen Studien, sind zögerlicher darin, neuen Jobs zuzusagen. Was können wir als Gesellschaft dagegen tun? Dies ist ein Thema, das uns alle angeht und das wir gerade während und nach dem Einschnitt durch die Corona-Pandemie noch einmal mit höherer Dringlichkeit auf die politische Agenda setzen sollten. Es bedarf eines generellen Umdenkens auf Geschäftsführungsebene, um die Bedürfnisse der Mitarbeiter:innen stärker miteinzubeziehen und inklusive Arbeitsmodelle für das Leben mit pflegebedürftigen Familienmitgliedern zu schaffen. Isolierte Förderprogramme, beispielsweise für Frauen, sollten ebenfalls weitergedacht werden. Die weiblichen Führungskräfte der Zukunft müssen heute schon eingestellt, ausgebildet und aktiv einbezogen werden, um sozial nachhaltige Strukturen zu schaffen. Auch Themen wie reduzierte Vollzeit, mobiles Arbeiten, Homeoffice und Jobsharing müssen angegangen werden. Zu führen sollte zukünftig nicht mehr automatisch bedeuten müssen, der Wirtschaft in Vollzeit und dauerpräsent zur Verfügung zu stehen.

Zum Schluss noch ein »radikales« Beispiel aus der Praxis: Anfang Juli 2019, so hatte ich auf dem Blog von Edition F gelesen, entschied sich die Technische Universität Eindhoven (Niederlande) dazu, eine 100-Prozent-Frauenquote einzuführen. Freie Stellen sollten in den nächsten Jahren nur für Frauen ausgeschrieben werden. Ich bringe dieses Beispiel gern, weil die Menschen oft empört darauf reagieren. Hier noch eine Gegenzahl, die ich mich traue, in Bezug zu setzen, und die ich bei Anna Schiff gefunden habe: Auf Basis von Daten aus 2018 wurde errechnet, dass wir noch 202 Jahre darauf warten müssen, bis – bei gleichbleibenden Verhältnissen – weltweit Gleichstellung auf dem Arbeitsmarkt erreicht wird. Ziemlich radikal, oder? Und an alle Skeptiker:innen: Viel Spaß beim Nachrecherchieren!

Unbezahlte Arbeit

Wer über Arbeit spricht, sollte auch die unbezahlte Arbeit, die in unserer Gesellschaft geleistet wird, zur Sprache bringen. Dazu zähle ich Sorgearbeit, Hausarbeit und emotionale Arbeit, die bis heute überwiegend von Frauen geleistet wird. Frauen müssen sich also intensiver mit der Mehrfachbelastung von Familie, Beruf und Haushalt auseinandersetzen, was wiederum dazu führt, dass sie statistisch belegt öfter in Teilzeitmodellen lohnarbeiten. Bringen wir das Dilemma auf den Punkt: Frauen sind dadurch öfter auf Sozialhilfe angewiesen und von Altersarmut betroffen als Männer. Wer für Sorgearbeit zu Hause bleibt, beispielsweise um Kinder zu erziehen oder Eltern zu pflegen, geht ein höheres

Risiko ein, in (Alters-)Armut zu geraten, besonders alleinerziehende Eltern können hier betroffen sein. Hinzu kommt, dass die heteronormative Verteilung von Sorgearbeit auch zu innerfamiliären Machtgefällen beitragen kann, bei der die Person, die den höheren Anteil der Lebenserhaltungskosten verdient, beispielsweise den Besitz führend verwaltet. Dies zeigt auch, warum eine feministische Gesellschaft so wichtig ist: Das Private ist politisch.

Kommerzialisierung

Dieser letzte Absatz soll dazu aufrufen, dem Kapitalismus stets mit Skepsis zu begegnen. Zu oft vereinnahmt er aktivistische und gesellschaftskritische Bewegungen, um sie zu Geld zu machen. Wenn ihr konsumiert, fragt euch, wem die Kampagne tatsächlich zugutekommt und welche Intention außer Wirtschaftlichkeit sie wirklich verfolgt. Fragt euch, wer die Produkte unter welchen Bedingungen hergestellt hat und wie menschliche Arbeitskraft und damit auch Macht verteilt wurden. Denkt an die riesige Textil- und Kosmetikindustrie, die Frauen suggeriert, sie bräuchten bestimmte Produkte, um verschiedenen stereotypen Vorstellungen zu entsprechen. Feminismus ist im Mainstream angekommen. Und Feminismus ist auch längst im Spätkapitalismus zu Hause. Kommerzialisierung kann sichtbar machen, aber auch vereinnahmen und fremdbestimmen.

Bin ich sexistisch?

Zu fragen, ob sich jemand, und wenn ja, wer sich sexistisch verhält, lässt auch darauf schließen, wer im Diskurs die Deutungshoheit besitzt. Männer besitzen in unserer Welt die Vormachtstellung, aber natürlich können auch Frauen Sexismen reproduzieren. Oder anders formuliert: Weiblich gelesene Personen, die Sexismus erfahren haben, sind nicht davor gefeit, selbst an Sexismen und anderen Diskriminierungsformen beteiligt zu sein.

Die Frage aller Fragen ist: Gibt es Sexismus gegen Männer? Wissenschaft, Theorie und Aktivismus sind sich nicht darüber einig, ob Sexismus auch Männer treffen kann. Beispielsweise in der Sozialpsychologie geht man davon aus, dass Männer und Frauen negativ betroffen sein können. Personen, die sich nicht im binären System verorten, werden hier außen vor gelassen. Auch Margarete Stokowski griff diese Frage 2018 in einer ihrer *Spiegel*-Kolumnen auf. Sie betonte dabei noch einmal, dass Diskriminierung strukturelle Benachteiligung bedeutet, die zur Folge hat, dass unterdrückte Gruppen in unserer Gesellschaft nicht gleichberechtigt leben können. Ihre finale Antwort erklärt, dass Männer durchaus Vorurteile, (sexuelle) Gewalt, Mobbing, unfaires Verhalten, unangenehme Witze usw. erfahren können, aber sexistisch diskriminiert werden können sie nicht. Ein letzter Gedanke dazu: Wenn ich die Privilegien anderer Personen zur Sprache bringe oder infrage stelle, ist das keine Diskriminierung.

Sexismus benennen können – und jetzt?

Widmen wir uns nun den Fragen, die wehtun und die oftmals mit dem Wort »*Schuld*« in Verbindung gesetzt werden. Lasst uns »Schuld« zuerst gegen »*Verantwortung*« eintauschen. Und ja, wir sind alle verantwortlich für ein bestehendes sexistisches System. Entsprechend unseres Diskriminierungs- oder Begünstigungsstatus liegt es in unserer Verantwortung, dagegen vorzugehen. Gegen etwas vorzugehen bedeutet, aktiv zu werden, eigene Privilegien und unsere sexistische Geschichte und Erziehung anzuerkennen. Es bedeutet auch, damit zu leben, dass wir selbst uns auf dem Weg bis hierhin schon sexistisch verhalten haben. An dieser Stelle entscheiden sich viele Menschen leider für den bequemeren Weg des Augenverschließens, doch so wird sich nichts ändern. Im Kapitel 5 »Allyschaft« liest du daher konkreter darüber, was du gegen sexistische Diskriminierung tun kannst.

Kapitel 3: Rassismus

In diesem Kapitel geht es um Rassismus. Ich lege kurz dar, woher Rassismus kommt, warum er uns alle etwas angeht und wie man anfangen kann, sich gegen Rassismus und für eine gleichberechtigte und gewaltfreie Gesellschaft einzusetzen.

Da die Geschichte des Rassismus sehr lang ist und auch das Thema »Antirassismus« weitaus mehr Seiten braucht, als hier zur Verfügung stehen, empfehle ich, den hier gegebenen Einstieg später zu vertiefen. Es ist nicht nur wichtig, dass wir uns alle mit dem Thema Rassismus auseinandersetzen. Mindestens genauso essenziell ist, immer sicherer im Thema zu werden, um auch anderen davon zu berichten, wie wichtig es ist. Nicht nur, wenn dir das Thema irgendwo begegnet, sondern auch selbstständig. Gesellschaftliche Prozesse und der Umgang mit ihnen sind stetig im Wandel. Es gibt unglaublich viele Quellen, die man hinzuziehen kann und sollte, wenn man im Kampf für eine gleichberechtigte Gesellschaft auch am Ball bleiben und vor allem alle mitdenken will. Unsere Gesellschaft muss diejenigen unterstützen, die von Rassismus betroffen sind, da es für sie nicht in jeder Situation sicher oder bequem ist, sich für ihre Rechte und oder Bedürfnisse auszusprechen.

Im Folgenden erfahrt ihr, wie sich Rassismus definiert, woher er kommt und warum er von Feminismus nicht zu trennen ist.

> Nur ein intersektionaler Feminismus ist ein Feminismus, der alle Menschen mitdenkt und nicht unsichtbar macht, dass es schwarze Frauen waren, die schon lange vor den bekannten feministischen Kämpfen für Gleichbehandlung gekämpft haben.
> Eine schwarze, feministische Perspektive benötigt keine Klassifikation von Unterdrückungsformen, sondern demonstriert vielmehr die Gleichzeitigkeit dieser und ihre Auswirkungen auf die Leben von Menschen in unterschiedlichen Teilen der Welt.

Was ist Rassismus?

Rassismus ist eine Form von Diskriminierung, also eine Form von Herabwürdigung und Ausgrenzung von Personen aufgrund ihrer individuellen Merkmale. Rassismus setzt sich zusammen aus persönlichen und erlernten Vorurteilen und dem systematischen Missbrauch von Macht innerhalb unserer Gesellschaft.

Rassismus ist als System zu verstehen, welches unsere Wahrnehmung, unser Verhalten und unsere Gefühle mitbestimmt. Dieses System beruht auf dem vermeintlichen

Wissen über Angehörige sozialer Gruppen. Das bedeutet, dass wir in unserem Kopf »mithilfe von« Rassismus so etwas wie Kategorien entworfen haben, in die wir Menschen einteilen und zuordnen.

Wir haben gelernt, dass zum Beispiel mit einer bestimmten Hautfarbe angebliche Charaktereigenschaften einhergehen. Gemünzt ist das auf unser Verständnis von kultureller Zugehörigkeit und unsere Lesart gegenüber Menschen, die wir als »nicht zugehörig«, »nicht wie wir« identifizieren, die zum Beispiel eine dunkle Haut haben, eine andere Gesichtsform oder Haarfarbe. Überträgt man dies auf eine übergeordnete Ebene, und zwar auf verschiedene Institutionen wie Schule, öffentliche Ämter oder auch die Polizei, spricht man von Institutionellem Rassismus. Das bedeutet, dass Rassismus institutionell, also innerhalb unserer gesellschaftlichen Ordnung, verankert ist und nicht nur auf zwischenmenschlicher Ebene stattfindet.

Beispiel: Zeigen Angehörige von dominierten Gruppen negative Eigenschaften, werden diese als Bestätigung für die Unterlegenheit, Einfältigkeit oder Listigkeit des Wesens ihrer Gruppe in ihrer Gesamtheit interpretiert und dargestellt. Diese Gruppen geraten durch diese stetige negative Darstellung in eine ungeschützte Position. Sie müssen sich beispielsweise von Handlungen einzelner Angehöriger abgrenzen oder gar entschuldigen (»nicht alle ... sind Terrorist:innen«, »nicht alle ... sind kriminell«, »nicht alle ... sind faul«).

Hierbei sind auch positive Eigenschaften mit Rassismen belegt. Auch innerhalb von Komplimenten oder gut gemeinten Aussagen, müssen oder wollen sich Betroffene distanzieren (»nicht alle ... können gut tanzen«, »nicht alle ... können schnell laufen«, »nicht alle ... sind gut in Mathe«). Auch gut gemeinte Zuschreibungen sind Verallgemeinerungen. Sie stellen bestimmte Nationalitäten oder kulturelle Identitäten als eindimensional dar.

Es neutralisiert einzelne Personen und macht alle zu einer einheitlichen Masse.

Durch zugeschriebene »Eigenschaftspakete« und die damit einhergehende Hierarchisierung von Menschen ist es in den Ursprüngen des Kolonialismus möglich geworden, eigene Handlungen zu rechtfertigen, während Handlungen, Haltungen oder Lebensweisen von dominierten und kolonialisierten Menschen als etwas »nicht Normales«, »Sonderbares« oder sogar »Abartiges« betrachtet wurden.

Wichtig ist hierbei, zu verstehen, dass das systematische Abwerten von nicht weißen Menschen, also von Menschen, die rassistisch markiert sind und von vielen mit zum Beispiel einer dunklen Hautfarbe und damit einhergehenden Zuschreibungen gelesen werden nichts ist, was uns angeboren ist.

Rassismus ist eine erlernte Ideologie, die versucht, Grenzen und Regeln von Zugehörigkeit theoretisch zu begründen und praktisch herzustellen.

Die besagten Annahmen und Zuschreibungen von Charaktereigenschaften sind nicht korrekt und nicht wissenschaftlich fundiert. Menschen, die vergleichbare Behauptungen aufstellen, äußern sich in solchen Momenten rassistisch und versuchen, sich auf eigenes Empfinden, allgemeine Annahmen oder erlernte Vorurteile zu berufen.

Warum gibt es Rassismus?

Wie schon beschrieben, ist Rassismus keine angeborene Weltsicht. Rassismus ist auch keine Meinung, die unter Meinungsfreiheit fällt. Rassismus ist eine menschengemachte Ideologie und kreiert ein fiktives Bild der Welt.

Diese Weltsicht will hierbei eine vermeintlich naturgegebene, menschliche Hierarchie herstellen, mithilfe derer eine erhoffte Ordnung eintritt, die alle Menschen der Wertigkeit nach kategorisiert – ebenso wie Sexismus.

Die Entstehungsgeschichte des Rassismus ist untrennbar mit der Geschichte der Sklaverei und des Kolonialismus verbunden. Auch wenn ein menschlicher Bezug zum Wort »Rasse«, entlehnt aus dem Tierreich, schon früher bestand, wurde eine rassistische Ideologie zur Jahrhundertwende vom 14. zum 15. Jahrhundert systematisch benutzt, um die Versklavung, Verschleppung und Ermordung von Afrikaner:innen als Sklav:innen zu legitimieren.

Im Zuge des Kolonialismus brauchten weiße Europäer:innen eine Weltanschauung, die ihnen erlaubte, Menschen anderen Aussehens, anderer Hautfarbe und anderer Kultur nicht wie »ihresgleichen« zu behandeln, sondern ihnen Rechte auf Freiheit und Selbstbestimmung abzusprechen. Von dieser vernichtenden Ideologie waren afrikanische Staaten und deren Bewohner:innen betroffen, aber auch Erstbewohner:innen anderer Erdteile, die ihre Heimat und Freiheitsrechte unter Inanspruchnahme der Europäer:innen verloren.

Eine naturwissenschaftliche Kategorie wurde der Rassenbegriff im späten 18. Jahrhundert. Seitdem ist eine rassistische Ideologie stets darauf fokussiert, eine psychologische Dimension der Ungleichheit des Menschen darzustellen.

Hierbei muss man sich vorstellen, dass es zwischen der Zeit der Etablierung des Begriffs und der Mitte des 20. Jahrhunderts wohl kaum einen Menschen gab, der an der Existenz verschiedener »Menschenrassen« gezweifelt hätte. Eine genetische Grundlage gibt es für diese Theorien bis heute nicht.

Den meisten von uns ist das Wort »Rasse«, wie oben beschrieben, womöglich aus dem Tierreich bekannt. Er bezieht sich hier fast ausschließlich auf Haustierrassen, die vom Menschen durch das Domestizieren oder die Zucht neu erschaffen wurden. Deswegen sprechen wir zum Beispiel von Hunde- und Katzenrassen, nicht aber von Rassen der Bären oder der Pinguine.

Rassismus und rassistische Machtstrukturen sind im Zuge all dieser Entwicklungen weder von der Globalisierung, also von einer international sowohl praktisch als auch medial vernetzten Welt, noch vom Kapitalismus zu trennen.

Wirtschaftliche Erfolge, die uns innerhalb Deutschlands, innerhalb Europas oder anderer Staaten ein Leben in Wohlstand garantieren, bauen hierbei nicht nur auf den gewalttätigen Eroberungen vergangener Tage auf. Neokoloniale Strukturen, also Strukturen, die auf der Ausbeutung und Fremdbestimmung sowie Abhängigmachung von Ländern des globalen Südens beruhen, gehen auch heute noch aus den erlernten und etablierten Strukturen hervor und sind hierbei maßgeblich für einen Umgang mit Menschen, die als nicht weiß und/oder fremd identifiziert werden.

Rassismus ist eine von weißen Menschen erschaffene und mehrheitlich bewusst praktizierte Ideologie. Der neuzeitliche Rassismus, also jener, der durch unsere Gesellschaftsstrukturen, unsere Lesart gegenüber Menschen und unsere Lesart gegenüber vermeintlich »fremden« Menschen bedingt ist, ist außerdem geprägt durch eine weiße Mehrheitsgesellschaft und etablierte Machtstrukturen. Innerhalb dieser Strukturen haben Personen, die weiß, also nicht rassistisch markiert sind, eine Vormachtstellung gegenüber denen, die sich durch eine nicht weiße Hautfarbe oder andere äußere Merkmale von der Mehrheitsgesellschaft abgrenzen. Auf Deutschland bezogen kann das zum Beispiel bedeuten, dass Menschen mit weißer Hautfarbe weniger auffallen, grundsätzlich für deutsch gehalten werden oder einen besseren Zugang zum Arbeits- oder Wohnungsmarkt bekommen, da diesen Personen keine, oder zumindest andere, Vorurteile entgegengebracht werden.

Auch wenn Menschen die weiß und deutsch gelesen werden, unter anderen Formen von Diskriminierung leiden können (zum Beispiel aufgrund ihrer Sexualität, ihrer Körperform oder ihrer Einschränkungen), kann es Rassismus ihnen gegenüber nicht geben.

Warum geht dich Rassismus etwas an?

Rassismus ist nicht nur innerhalb unseres Alltags oder unseres Sprachgebrauchs, sondern vor allem innerhalb unserer gesellschaftlichen Strukturen stark verankert. Dabei ist es wichtig, sich eben nicht nur auf die ideologischen Überzeugungen von politisch rechten Menschen zu beziehen. Wir müssen verstehen, dass, auch ohne sich explizit für ein politisches Lager zu entscheiden, und mit den besten Absichten, rassistisches Gedankengut Teil einer westlichen, also auch einer europäischen und schließlich auch deutschen Gesellschaft ist.

Rassismus fängt da an, welche Hautfarbe wir als »normal« und welche als »anders« identifizieren. Er geht dort weiter, wie die EU mit Geflohenen umgeht und wie dies medial besprochen wird. Er macht auch vor dem Umgang miteinander nicht halt.

Rassismus als Teilsystem unserer Gesellschaft anzuerkennen und hierbei auch die europäische Geschichtsschreibung nicht außer Acht zu lassen, setzt voraus, sich selber als Teil des Ganzen, als leidtragende Person oder als Profiteur:in des Systems zu sehen und fortan mit einem Bewusstsein für vorherrschende Machtstrukturen durch die Welt zu gehen.

Es ist also wichtig, in der antirassistischen Auseinandersetzung nicht mit dem Finger auf andere zu zeigen, auf andere politische Lager oder problematische Verhaltensweisen hinzuweisen, sondern damit zu beginnen, sich selbst auf eine antirassistische Reise zu begeben, die eng mit Selbstreflexion, Recherche und auch Konsequenzen verbunden ist.

Sich selbst als Teil des Systems zu verstehen, ist kein Allheilmittel und ein kleiner Schritt auf einer langen Reise. Dieser Schritt ist allerdings von enormer Wichtigkeit, um sich für den langen Weg vorzubereiten. Rassismus geht dich etwas an. Vor allem als nicht betroffene Person.

Wie erkenne ich Rassismus?

Rassismus kann in tatsächliche Bedrohung oder Gewaltausübung gegenüber bestimmten Gruppen münden. Zu sehen war dies zum Beispiel bei Anschlägen in Hanau am 19. Februar 2020 oder den Taten des sogenannten Nationalsozialistischen Untergrunds (kurz NSU). Gewaltausübung ist hierbei eine Dimension rassistischer Ideologien. Wir verorten diese Taten häufig in einem ultrarechten Milieu, was mit unserem Alltag vermeintlich wenig zu tun hat. Etwas, von dem wir uns häufig aktiv distanzieren wollen.

Ist man mit einer rassistischen Ideologie, mit einer rassistischen Sprache, mit dem systematischen Abwerten und dem sprachlichen Ausschließen nicht weißer Menschen aufgewachsen, ist es anfangs sehr schwierig, Rassismus auch auf systematischer Ebene oder im Alltag zu erkennen.

Es gibt rassistische Aussagen, die ganz klar als solche zu erkennen sind.

Sagt jemand **zum Beispiel**: »Person X ist total laut. In China, wo Person X herkommt, sind alle so. Das ist angeboren«, handelt es sich eindeutig um eine rasstische Aussage.

Eine charakterliche Eigenschaft einer Person wird als kulturell und national zugehörige Eigenschaft festgelegt. Hierbei findet sich also eine Erklärung für ein Verhalten innerhalb der nationalen Zugehörigkeit und wird zudem abgewertet. Es handelt sich um eine rassistische Aussage, mit der einem Gegenüber mit den Argumenten von kultureller und nationaler Zugehörigkeit glauben gemacht werden soll, dass »die anderen« eben anders sind als »wir normalen Leute«.

Rassistische Aussagen können aber auch positiv verpackt werden und dann gut gemeint sein.

Sagt jemand **zum Beispiel**: »Person Y kann total schnell rennen. Sie ist Marokkanerin, die sind alle superschnell«, ist auch dies im Kontext von Verallgemeinerung und kultureller sowie nationaler Zugehörigkeit eine rassistische Zuschreibung, die allerdings als Kompliment verpackt ist.

Sie tut so, als gäbe es einen Zusammenhang zwischen Menschen verschiedener Gruppen und individuellen Eigenschaften, und gibt vor, dass gewisse Charakterzüge, Einstellungen, Verhaltensweisen oder Fähigkeiten Teil einer kulturell-nationalen Identität sind.

Auch innerhalb unserer Medienlandschaft herrscht eine rassistische Ausdrucksweise im Rahmen von Berichterstattung oder Unterhaltung vor, die auch uns als Zuschauende beeinflusst und Denken sowie Sprache verändert.

Schnell fällt auf, dass zum Beispiel Straftaten von Menschen, die deutsch gelesen werden, in dem Sinne zum Beispiel weiße Haut und einen vermeintlich deutsch klingenden Namen haben, mit keiner spezifischen Herkunftsangabe bedacht werden.

Beispiel: »Timmendorfer Strand: Bewaffneter Mann überfällt Juwelier im Maritim Hotel« (MOPO, 29. 09. 2020 <u>»Timmendorfer Strand: Bewaffneter Mann überfällt Juwelier im Maritim Hotel</u>«).

Herkunft und Nationalität wird in dieser Meldung keine Beachtung geschenkt. Seine Nationalität wird nicht genannt und somit die Selbstverständlichkeit des Deutschseins auch wörtlich festgesetzt. Werden Straftaten von Menschen mit einer Migrationsgeschichte oder mit einer nicht weißen Hautfarbe begangen, bekommen wir es häufig mit, weil Nationalität oder Familienhistorie Teil der Berichterstattung sind.

Beispiel: »Eritreer stößt Kind vor Zug« (Junge Freiheit, 29. 07. 2019, <u>Eritreer stößt Mutter mit Kind vor Zug</u>).

Vergleicht man beide Meldungen, fällt auf, dass es bei der ersten sehr leichtfällt, davon auszugehen, dass ein weißer Mann, ein Mann, dem wir innerhalb Deutschlands keine Nationalität abseits der Norm zuordnen würden, den Einbruch begangen hat. In Meldung zwei wird der Fokus hingegen auf die nationale Identität einer rassifizierten Person gelenkt.

Wir sind es gewohnt, medial darauf aufmerksam gemacht zu werden, wenn Täter:innen einen nicht deutschen oder nicht weißen Hintergrund haben. Die Rede ist dann von »türkischstämmigen«, »afrikanischen« oder »muslimischen« Täter:innen. Gerne wird auch der Ausdruck »mit einem Migrationshintergrund« oder »aus XY stammend« verwendet.

Die deutsche Medienlandschaft neigt also dazu, Verbrechen nach Möglichkeit »den anderen«, »dem Fremden«, zuzuschreiben und im gleichen Atemzug Menschen weißer Hautfarbe innerhalb dieses Landes zu normalisieren. Es wird versäumt, zu hinterfragen, welche Relevanz die Angabe der Nationalität oder einer Migrationsgeschichte innerhalb einer Meldung hat. Außerdem wird ein öffentliches Bild von Kriminalität durch Fremdheit erzeugt.

Eine 2019 erhobene Studie der Macromedia Hochschule zeigt: Die Nationalität von Tatverdächtigen wird in der Berichterstattung über Gewaltdelikte deutlich überproportional genannt, auch im Verhältnis zu den Daten der polizeilichen Kriminalstatistik. »2019 nennt fast jeder zweite Zeitungsbeitrag zu Gewaltkriminalität die Herkunft der Tatverdächtigen (44,1 Prozent). Von 245 erwähnten Tatverdächtigen wurden 7 als explizit deutsch beschrieben (2,9 Prozent) und 101 als explizit nicht deutsch (41,2 Prozent)«, heißt es hier. Es liegt also ein klar verzerrtes und realitätsfremdes Bild vor, was im öffentlichen Raum den Eindruck erzeugt, Straftaten würden vermehrt von nicht deutsch identifizierten Personen begangen, was wiederum rassistische Vorurteile und bestehende Stereotypen in unseren Köpfen verankert.

Es verändert, wie wir Menschen gegenübertreten, weil viele von uns nicht gelernt haben, diese Arten von Berichterstattungen zu hinterfragen und vor allem charakterliche Zuschreibungen getrennt von nationaler und kultureller Identität zu betrachten.

Es ist wichtig, zu verstehen, dass Rassismus nicht erst dort anfängt, wo Menschen Opfer von körperlicher Gewalt werden. Rassismus im Schafspelz meint, nachvollziehen zu können, dass Rassismus durch die Adern unserer Gesellschaft fließt und beeinflusst, wie wir denken, sprechen und handeln. Eine unbedachte Aussage, die nicht böse gemeint ist, mag vielleicht gesellschaftlich akzeptiert sein, kann bei Empfänger:innen aber trotzdem Verletzungen auslösen.

Wie wird man antirassistisch?
Wir wissen jetzt, woher Rassismus kommt, was er beinhalten kann und warum es wichtig ist, dass wir uns mit ihm beschäftigen. Wir haben noch nicht geklärt, wie man als Teil unserer Gesellschaft antirassistisch sein kann, also sich aktiv gegen rassistische Sprache, rassistisches Gedankengut oder rassistische Strukturen zur Wehr setzt.

Es geht schnell, dass man sich innerhalb unserer gesellschaftlichen Strukturen hilflos fühlt oder glaubt, man könnte allein nichts gegen die großen Probleme dieser Welt unternehmen. Wir vergessen dabei aber allzu oft, dass jede Bewegung mal klein angefangen hat und wie viel es nutzen kann, wenn man in seinem direkten Umfeld zu Veränderungen beiträgt oder das Gespräch sucht.

Rassistische Gedanken

Es kann sein, dass du schon lange ganz automatisch mit Vorurteilen und Stereotypen umgehst und diese Denkstruktur ausschlaggebend dafür ist, wie du anderen Menschen gegenübertrittst.

Versuch doch mal, auf diese Gedanken aufmerksam zu werden! Wenn zum Beispiel jemand in den Bus einsteigt und du wie automatisch deine Tasche enger an dich heranziehst. Oder wenn dir jemand begegnet, bei dem du aufgrund seines Aussehens davon ausgehst, dass diese Person kein Deutsch versteht, und du die Person auf Englisch ansprichst. Oder wenn du in deinem Kopf eine Verhaltensweise mit einer bestimmten Nationalität oder kulturellen Zugehörigkeit verknüpfst.

Immer, wenn du das machst, hat sich ein Teil unserer rassistischen Gesellschaftsstruktur in dir festgesetzt, gegen die du aktiv angehen musst. Das bedeutet nicht, dass du ein:e Rassist:in bist. Es ist ein Zeichen dafür, wie normal und eindeutig es bisher für dich war, mit diesen Gefühlen und Gedanken durch die Welt zu gehen, ohne sie zu hinterfragen. Jetzt, wo du weißt, dass zwischen deinen erlernten Vorurteilen und der Person, die dir gegenübersteht, kein Zusammenhang besteht, bist du in der Lage, diesen erlernten Rassismus zu dekonstruieren.

Dir wird auffallen, wie oft deine Gedanken auf diese

Art fremdbestimmt sind. Du wirst aber auch schnell merken, dass Serien, Filme, aber auch Artikel oder Instagram-Posts mit diesen Vorurteilen bestückt sind. Sobald du selbst darauf aufmerksam geworden bist, kann es gut sein, dass dir vergleichbare Gedanken auch in der Familie oder unter Freund:innen über den Weg laufen. Du bist nun in der Lage, sie zu erkennen und zu identifizieren. Das bringt uns zum nächsten Punkt:

Rassistische Sprache

Es gibt viele Wörter, die sich in unserem Sprachgebrauch etabliert haben, obwohl sie gegenüber bestimmten Gruppen gewaltvoll sind. Es ist wichtig, zu verstehen, dass viele der Bezeichnungen für zum Beispiel Hautfarben oder Personengruppen entstanden sind, um Menschen zu kategorisieren, zu beleidigen oder zu entmenschlichen. Viele Wörter sind in einer Zeit entstanden, in der es als erwiesen galt, dass zum Beispiel schwarze Menschen oder die Erstbewohner:innen Amerikas keine wirklichen Menschen wären. Diese Begriffe nennt man »Fremdbezeichnung«, da sie geschaffen wurden, um Machtstrukturen zu verdeutlichen. Im Gegensatz dazu stehen »Selbstbezeichnungen«, also selbst erwählte Bezeichnungen, die Menschen verschiedener Gruppen benutzen, um ihre Identität oder ihre Wurzeln zu beschreiben. Während diese genutzt werden können, sollten Fremdbezeichnungen nicht benutzt werden, weil sie verletzend und gewaltvoll sind.

Es kann gut sein, dass du jetzt, wo du weißt, dass es Wörter gibt, die andere Menschen verletzen, sehr aufmerksam dafür bist, wie sich Menschen in deinem Umfeld ausdrücken.

Versuche, sie darauf aufmerksam zu machen und dein Wissen mit ihnen zu teilen.

Sag zum Beispiel Dinge wie:

»Ich bin mir sicher, dass du es nicht so gemeint hast, aber das, was du gesagt hast, ist rassistisch«, oder: »Hey, ich habe letztens gelernt, dass dieses Wort nicht zeitgemäß und verletzend für viele Menschen ist.«

Auch wenn es häufig sein kann, dass Menschen irritiert oder vielleicht sauer reagieren, lohnt es sich, diese Unterhaltung mit ihnen zu führen und ihnen zu erklären, dass du auch erst recherchieren musstest, warum es falsch ist, dieses oder jenes Wort zu sagen.

Du kannst auch deine Quellen empfehlen, wenn jemand größeres Interesse zeigt. Einige Beispiele für gute Quellen findest du im Glossar und Quellenverzeichnis dieses Buchs.

Oft macht es einen großen Unterschied, ob du eine Person

in dem Moment auf ihr Verhalten aufmerksam machst und eventuell in Kauf nimmst, dass andere es mitbekommen, oder ob du dir einen ruhigen Moment suchst, in dem du mit der Person allein bist.

Beim sogenannten »Call-out«, wenn du jemanden quasi im Beisein anderer auf ein Fehlverhalten aufmerksam machst, riskierst du, dass Gefühle wie Scham oder sozialer Stress die Situation und das Gespräch beeinflussen.

Häufig können dann aber auch andere Menschen, die über das Thema Bescheid wissen, deine Position oder die gut gemeinte Kritik bestärken. Beim sogenannten »Call-in«, wenn man also noch einmal zu zweit die Situation bespricht, hat man oft mehr Ruhe, und Scham oder die soziale Gruppe spielen nicht so eine große Rolle.

Setze dein neues Wissen und den Willen, Rassismus zu bekämpfen, aktiv ein.

Du kannst schon in kleinen Situationen bewirken, dass andere Personen bewusst ihr Verhalten ändern und auch darauf aufmerksam werden, dass Rassismus in unserer Gesellschaft, in unserer Sprache und in unseren Institutionen eine große Rolle spielt. Auch auf Social Media lohnt es sich, darauf einzugehen, wenn zum Beispiel ein:e Influencer:in sich falsch ausdrückt oder rassistische Sprache benutzt. Du kannst auch schriftlich unter einem Posting oder in einer

> Direct Message erklären, warum ein Wort oder ein Vorurteil problematisch ist.

Rassistische Strukturen

Auch in der Schule, bei der Arbeit oder im Sportverein kann es passieren, dass Menschen rassistische Stereotype reproduzieren oder Menschen benachteiligen, die in ihrem Verständnis nicht deutsch sind, vielleicht eine andere Muttersprache sprechen oder nicht weiß gelesen werden. Oft weiß man in solchen Situationen, in denen vielleicht eine Lehrperson oder eine erwachsene Person die Autorität, also die Macht, besitzt, nicht, wie man sich verhalten soll. Es kann also sein, dass dir negativ auffällt, was gesagt wurde, du dich aber nicht wohl damit fühlst, es offen anzusprechen oder Aufmerksamkeit auf das Thema zu ziehen.

Es lohnt sich hier, wenn du dafür sorgst, dass du Verbündete hast, die mit auf deiner Seite stehen. Hast du vielleicht eine Person im Team oder in der Klasse, der du vertraust und die du gut kennst? Tauscht euch darüber aus, wie ihr die Situation wahrgenommen habt, und sprecht darüber, was Möglichkeiten wären, die Situation zu lösen. Häufig bietet es sich auch hier an, das Thema nicht vor der gesamten Gruppe, sondern erst einmal mit der betroffenen Person allein zu besprechen oder zum Beispiel eine Autoritätsperson darauf aufmerksam zu machen, dass ihr Verhalten nicht okay und rassistisch war. Es lohnt sich auch immer, sich bewusst zu machen, wie wichtig es für von Rassismus betroffene Menschen ist, dass es Personen gibt, die diese Diskussionen und Kämpfe austragen. Ist man nicht von Rassismus betroffen, steht aber in so einem Moment für andere ein, wird der weißen Person im Gegensatz zu Betroffenen viel seltener zu hohe Empfindsamkeit oder eine Übertreibung vorgeworfen. Oft haben weiße Menschen die Deutungshoheit, was das Erkennen und Besprechen von Rassismus angeht. Auch wenn das absolut nicht der Fall sein sollte, braucht unsere Gesellschaft nicht selbst betroffene Menschen, die sich aktiv gegen Rassismus stellen und somit die unterstützen, die in ihrem alltäglichen Leben ohnehin schon unter rassistischen Machtstrukturen leiden müssen.

Es ist ein Privileg, also ein angeborener Vorteil, sich aussuchen zu können, ob man sich in bestimmten Situationen mit Rassismus beschäftigt oder nicht. Nutzt es, indem ihr euch mit den Personen solidarisiert, die eben an Orten wie Schule, Arbeit oder Sportverein Diskriminierungserfahrungen machen.

Wählen und politisch sein
Wenn du 18 bist und eine deutsche Staatsbürgerschaft hast, darfst du wählen gehen. Dieses Privileg zu nutzen, ist

superwichtig und Teil der demokratischen Gesellschaft, in der wir leben. Nutze es und nutze deine Stimme für Parteien, die demokratische und antirassistische Positionen vertreten.

Wenn du noch nicht 18 bist, kannst du dich trotzdem politisch engagieren. Sicherlich gibt es antirassistische Jugendorganisationen oder -initiativen in deiner Stadt. Neben dem Knüpfen von neuen Freund:innenschaften kannst du hier auch direkt etwas für unsere Gesellschaft tun. Antirassistisch zu sein, hört nicht da auf, wo du die Bücher zuklappst. Du kannst erlerntes Wissen für Gleichberechtigung und gegen Diskriminierung anderer einsetzen, indem du die richtigen Institutionen unterstützt.

Das geht natürlich auch in Form von Demonstrationen oder Protestbewegungen. Auch das ist politische Teilhabe. Es fällt leicht zu glauben, man könnte als einzelne Person nichts bewirken. Wenn aber so viele Menschen gemeinsam zusammenkommen, setzt das für die Regierung ein großes und wichtiges Zeichen und motiviert andere dazu, beim nächsten Mal mitzulaufen und am selben Strang zu ziehen.

Gewöhne dich daran, dass dir Rassismus, jetzt, wo du weißt, welche Dimensionen er haben kann, immer wieder in verschiedenen Bereichen deines Lebens auffallen wird und hier auch Emotionen bei dir auslösen kann.

Sei dir sicher, dass du, deine Familie und deine Freund:innen, dass wir alle in diesen Bereichen Einfluss nehmen können. Politisch zu sein bedeutet nicht nur, seine eigene Stimme bei der Wahl einzusetzen. Politisch sein beginnt da, wo du deine Mitmenschen auf aktuelle Missstände aufmerksam machst, wo du deine eigene Politisierung aufbaust und festigst und beginnst, dich auseinanderzusetzen, und wo du durch dieses neue, politische Selbstbewusstsein die Kraft und Energie hast, deine Meinung und dein Erlerntes nach außen zu transportieren.

8 Dinge, die du heute gegen Rassismus tun kannst

1. **Positionieren**

   Werde dir deiner eigenen Position in unserer Gesellschaft bewusst.

   Frage dich, ob du eine Person bist, die von Rassismus betroffen ist oder von rassistischen Machtstrukturen profitiert. Versuche dich mit all den Umständen, die dein Aufwachsen und deine Familie betreffen, einzuordnen und denke darüber nach, in welchen Momenten du zum Beispiel davon profitiert hast, nicht mit Rassismus konfrontiert worden zu sein. Frage dich auch, welche Privilegien dir außerdem noch zuteilwerden. Diese können abhängig sein von den finanziellen Grundlagen, die deiner Familie zur Verfügung stehen, von deiner Körperlichkeit, deiner Sexualität oder deinem Gender.

2. **Normalisieren**

Versuche, die Benennung von Rassismus und das Feststellen von bestehenden rassistischen Vorurteilen zu normalisieren. Das beginnt damit, auch dem Wort seine tatsächliche Bedeutung zuzuschreiben und zu akzeptieren, dass es zu dir, zu unserer Gesellschaft gehört, ohne dass wir zwangsläufig schlechte oder böse Menschen sind. Versuche zu akzeptieren, wie die aktuelle Situation ist und dass du aktiver Teil von Veränderung sein kannst. Durch das Leugnen des eigenen oder des fremden Rassismus wie durch das Leugnen von unterschiedlichen Wahrnehmungen gegenüber Gruppen machen wir die tatsächlichen Erfahrungen von Menschen unsichtbar oder relativieren sie. Rassismus besprechen muss normal werden und darf kein Tabu sein.

3. **Lernen**

Siehe deine antirassistische Reise nie als abgeschlossen an. Sei bereit, dein Wissen zu erweitern und an aktuelle Debatten oder Streitfragen anzupassen. Sprache ist dynamisch. Sei offen dafür, Begriffe, die du nutzt, stets zu hinterfragen, und sei dir bewusst, dass Recherche oder Auseinandersetzung etwas ist, was Teil deiner Aufgaben werden muss.

4. **Verändern**

An dem Punkt, an dem dich Rassismus wütend macht, wirst du merken, dass Serien, Musik, Filme, Bücher, Social Media Accounts u.v.m. oft unsensibel mit Stereotypen oder rassistischer Sprache umgehen. Du bist in der Lage, dein Konsumverhalten zu verändern und dich für Alternativen zu entscheiden, die eine Gesellschaft abbilden, in der du gerne leben möchtest. Alternativen, die gewaltfrei und gleichberechtigt sind, gibt es meistens. Sie sind häufig weniger populär und schwerer zu finden. Sei bereit, deine Aufmerksamkeit den richtigen Projekten und Produktionen zu widmen, um sie zu unterstützen, aber auch, um deine Überzeugungen in deinem Medienverhalten wiederzufinden. Rassistisches Gedankengut verdient deinen Klick nicht.

5. **Diskutieren**

Vertrete deine Positionen vor Freund:innen und Familie. Sei dir bewusst, dass du auch hier mit anderen Einstellungen und Überzeugungen konfrontiert werden wirst. Dass du in die Diskussion gehst und dein neues Wissen teilst, ist wichtig, damit auch andere verstehen, was die Probleme in unserer Gesellschaft sind und warum es sich lohnt, Rassismus Aufmerksamkeit zu schenken. Leute werden darauf reagieren, und es kann sein, dass sie wütend werden, genervt sind oder dir dein Wissen absprechen. Lass dich davon nicht unterkriegen und sei dir gewiss, dass es auch anstrengend werden kann. Die Bereitschaft, für eine antirassistische Gesellschaft in die Diskussion zu treten, ist wichtig, um gängige und gesellschaftlich akzeptierte Verhaltensweisen immer wieder kritisch zu hinterfragen.

6. **Solidarisieren**

Solidarisch sein, das meint, sich mit der eigenen Kraft und Energie für diejenigen einzusetzen, die direkt von Missständen, die sich negativ auf ihr Leben auswirken, betroffen sind. In Konfrontationen mit Rassismus kann das bedeuten, der betroffenen Person beizustehen und sich auf ihre Seite zu stellen. Es kann aber auch bedeuten, sich innerhalb von gesellschaftlichen Debatten zu positionieren und mit einer Seite solidarisch zu sein. Indem man Geld spendet, für die richtige Sache auf die Straße geht oder sich einem Kollektiv anschließt, zum Beispiel. Solidarität mit von Rassismus betroffenen Menschen kann bedeuten, sich konsequent innerhalb von Gesprächen, politischen Debatten oder Alltagssituationen an die Seite von Betroffenen zu stellen. Sofern eine Situation sicher genug ist, natürlich. Sei bereit, solidarisch und laut für deine antirassistischen Überzeugungen einzustehen.

7. **Rücksicht nehmen**

Sei sensibel für den Platz, den du in Diskursen, Bewegungen oder Auseinandersetzungen einnimmst. Es ist wichtig, darauf zu achten, ob man mit dem eigenen Aktionismus, mit der eigenen Stimme oder mit der eigenen Präsenz anderen Menschen den Zugang erschwert oder den Platz nimmt, sich selbst zu positionieren. Das meint, dass es nicht allen immer gleichermaßen leichtfällt, Raum einzunehmen, und dass diese Dynamiken auch maßgeblich mit den Privilegien oder Benachteiligungen einer Person zusammenhängen. Sei hier offen für Kritik oder strecke in Situationen die Fühler aus, in denen es zum Beispiel um Betroffenen-Perspektiven geht und nicht um die einer nicht von Rassismus betroffenen Person.

8. **Aufstehen**

Mache antirassistisch sein zum Teil deiner politischen Position. Werde Mitglied in einer Initiative, die sich antirassistisch engagiert, oder in einer Jugendbewegung für eine Partei, die antirassistische Werte vertritt. Du bist jetzt am Anfang einer ganz großen Veränderung in deinem Leben. Mache das auch zu einem deiner politischen Ziele!

Kapitel 4: Transfeindlichkeit

Meine lieben transgeschlechtlichen Geschwister,
es ist egal, ob ihr noch auf der Suche nach euch selbst seid,
egal, ob ihr euch selbst seit Jahren oder gar Jahrzehnten so
gut es geht selbst lebt und erleben dürft. Es ist egal, ob ihr
euch vielleicht erst mit oder durch dieses Buch eurer selbst
bewusst werden könnt. Es ist egal, ob ihr 5, 15, 30 oder
75 Jahre alt seid. Ich möchte euch in diesem Kapitel auch
eine kleine Unterstützung für euren Weg mitgeben. Ein
klein wenig Hilfe beim Sich-Wiederfinden, Sich-verstan-
den-Fühlen, Sich-gehört- und -geschützt-Fühlen. Ein kleines bisschen nicht allein sein. Ein kleines bisschen hier und
jetzt. Denn es steht euch zu. Kein Irgendwann, kein Viel-
leicht-mal, kein Bald-bestimmt. Ihr seid hier und jetzt, und
nichts soll euch davon mehr abhalten können.

Liebe cisgeschlechtliche Menschen,
wenn ihr mein Kapitel aufschlagt und hofft, eine schmerz-
hafte Auseinandersetzung zu lesen, davon, dass ich mir
jahrzehntelang etwas nicht eingestehen wollte, dann seid
ihr hier falsch. Wenn ihr eine Lobeshymne auf unterstützende Cispersonen lesen wolltet, denen ich zu Dankbarkeit
verpflichtet sei, weil ich in der Öffentlichkeit atmen darf,

dann seid ihr hier falsch. Wenn ihr etwas über »Das Thema Transgender« erfahren wolltet, weil »man davon ja jetzt so viel hört«, und ihr gerne mehr »über diese Menschen erfahren wolltet«, dann seid ihr hier falsch.

Wenn ihr als Cispersonen etwas über euch selbst, über eure geschlechtlichen Vorstellungen erfahren möchtet und weshalb diese für nicht binäre, trans- und viele intergeschlechtliche Personen problematisch und gefährlich sein können, dann seid ihr hier richtig.

Als ich anfing, mich mit Transfeindlichkeit auseinanderzusetzen, dachte ich, ich würde nur etwas über mich selbst erfahren. Das stimmt nicht. Ich lernte, das System der Zweigeschlechtlichkeit zu erkennen und zu verstehen, wie es in Form von bestimmten Verhaltensweisen und auch in Körpern verankert wird. Ich musste es mir bewusst machen, um zu erkennen, dass nicht ich das Problem bin, nicht ich »falsch« oder »unnormal« bin, sondern die Umstände, die mich so definieren können. Diese Zustände sind nichts anderes als Gewalt. Willkommen im Cistem.

Taschenwörterbuch

Damit ich euch einen Überblick und besseren Einstieg ermöglichen kann, ist es notwendig, über Begriffe zu sprechen. Doch Sprache verändert sich permanent und ist niemals abgeschlossen. Deshalb kann diese kurze Übersicht auch niemals vollständig und dauerhaft geltend sein. Wie der Begriff »Geschlecht« von mir und anderen heute verwendet wird, war vor wenigen Jahrzehnten vielleicht undenkbar, und in wenigen Jahren wird vieles sicherlich wiederum überholt sein. Stand heute ist diese Übersicht jedoch anwendbar – aber seid offen für den Diskurs und achtet auf sich verändernde Bedeutungen!

Trans(*), transident, transgeschlechtlich, nicht binär, transsexuell, agender, neutrois oder auch genderqueer etc. sind verschiedene Begriffe, die im Kern das Gleiche aussagen. Gemeint sind Personen, die sich nicht, oder nicht vollständig, mit dem Geschlecht identifizieren, das ihnen spätestens bei der Geburt zugewiesen wurde. Weshalb spätestens bei der Geburt? Weil geschlechtliche Zuweisungen in der Regel viel früher durchgeführt werden, in Form von Ultraschalluntersuchungen. Als Ergänzung zu trans besteht der Begriff »cis« oder »cisgeschlechtlich«. Hierbei geht es um Personen, sie sich mit dem Geschlecht identifizieren, welches ihnen bei der Geburt zugewiesen wurde. Beide Begriffe kommen aus dem Lateinischen: Trans bedeutet »jenseitig« und cis »diesseitig«. In Bezug auf Geschlecht heißt dies also: »diesseits oder jenseits der geschlechtlichen Zuweisung«. Trans und cis sind Adjektive, die Auskunft über eine Person geben können. Beispielsweise: Felicia ist eine schwarzhaarige, große, transgeschlechtliche Frau. Ich werde oft gefragt, ob Leute bei mir immer das »trans« mit erwähnen müssen, also ob sie mich stets als Transfrau bezeichnen sollen und nicht einfach als Frau. Für mich kann ich sagen, dass einfach nur Frau völlig ausreichend ist. Wenn wir jedoch von diskriminierenden Strukturen sprechen, diese erkennen und abbauen wollen, ist es sehr wichtig, präzise Begriffe zu benutzen.

Merkt ihr, was hier gerade passiert? Genau, ich verändere die Bedingungen, unter denen wir über marginalisierte (siehe »Queer«) Menschen sprechen. Somit spreche ich auch nicht von Definitionen wie »biologisches Geschlecht«, »körperliches Geschlecht« oder »Geburtsgeschlecht«. Von mir wird mitunter als »geboren wurde sie als Junge« gesprochen. Das stimmt nicht, ich wurde als Baby geboren, mir wurde aufgrund von Geschlechternormen ein Geschlecht zugewiesen, und ich musste den Großteil meines Lebens nach dem Mädchen und der Frau suchen, die ich war und bin. Und ich habe das große Glück, auf ein unterstützendes Umfeld zurückgreifen zu können, dass mir stets Halt gab und gibt. Das sollte selbstverständlich sein, für viele Transpersonen und andere queere Menschen ist es jedoch nicht so. An dieser Stelle müssen wir unbedingt beachten und realisieren, dass dieses Verständnis von Transgeschlechtlichkeit und von Geschlecht an sich ein von *weißen* Menschen geprägtes Konzept ist. Viele Gesellschaften existieren oder existierten, die ein Konzept von zweigeschlechtlicher Zuweisung so niemals praktizierten und es ihnen erst durch europäischen Kolonialismus aufgezwungen wurde.

Nicht binärgeschlechtlich/ non binary: Personen, deren Geschlecht sich außerhalb der Norm von Mann und Frau befindet, als Teil von beidem, fluide oder auch ganz ohne Geschlecht. Zum Beispiel: genderfluid, genderqueer, agender, neutrois.

Trans: Personen, die sich nicht oder nicht vollständig mit dem Geschlecht identifizieren, das ihnen bei der Geburt zugewiesen wurde.

Cis: Personen, die sich mit dem Geschlecht identifizieren, das ihnen bei der Geburt zugewiesen wurde.

Cistem: Beschreibt die gesellschaftliche, medizinische und rechtliche Realität, in der Cispersonen als Normalität verstanden und Transpersonen ausgeschlossen werden.

Transmisogynie: Spezielle Verwobenheit (Intersektionen) von Transfeindlichkeit, Frauen- und Feminitätsfeindlichkeit (vgl. Serano 2007: 14; 140). Transpersonen soll auch auf den gezielten Ausschluss von Transfrauen, transfemininen und bestimmten nicht binärgeschlechtlichen Personen aus bestimmten Räumen aufmerksam machen (Ewert 2018: 18).

Dominanzgesellschaft: Ich verwende den Begriff anstelle des gängigen Begriffs »Mehrheitsgesellschaft«. Er soll verdeutlichen, dass es nicht um bloße Mehrheiten, sondern um Macht geht.

Queer: Personen, die aufgrund ihrer Sexualität, romantischen Anziehung oder ihres Geschlechtsverständnisses von der Dominanzgesellschaft als Abweichung begriffen und an den Rand den Gesellschaft gedrängt (marginalisiert) werden. Der Begriff »Queer« war ursprünglich selbst eine vorrangig homofeindliche Beleidigung, doch im Laufe der Zeit haben Menschen sich den Begriff als Selbstbezeichnung angeeignet. Hinweis: Nicht alle homo-, bi-, pansexuellen Menschen/ Transpersonen etc. verstehen sich selbst als queer oder wollen so bezeichnet werden.

»Wieso nicht mehr Geschlechtsumwandlung/-angleichung?«

»Geschlechtsumwandlung« war lange Zeit der feste Begriff für Operationen während der Transition. Inzwischen wird häufiger »Geschlechtsangleichung« benutzt. Beide Begriffe legen aber fest, dass die Geschlechter von Transpersonen erst durch Operationen echt sein können. Falsch. Operationen sind weder Pflicht, noch lassen alle Transpersonen welche durchführen. Dafür, oder besser: dagegen kann es viele Gründe geben: Ablehnung der Kostenübernahme durch die Krankenkasse, medizinische Gründe, Angst vor Risiken und den Schmerzen nach den Operationen, kein Wunsch nach so massiven körperlichen Veränderungen oder eben auch die feste Überzeugung, sich dem äußeren Druck zu Operationen nicht beugen zu wollen und zu müssen.

Geschlechtliche Transition: Das Wort Transition soll verletzende Begriffe wie »Geschlechtsumwandlung/-angleichung« ablösen. Außerdem umfasst eine Transition viel mehr als Hormonersatztherapien und Operationen: Namensfindung, neue Pronomen ausprobieren, neue Frisuren, Kleidung etc. Der Begriff soll zeigen, dass OPs und Hormone Möglichkeiten, aber keine Pflicht sind.

»Biologisches« Geschlecht: meint die von Menschen gemachte Definition von Körpern oder vermeintlichen Körpern. Es geht hierbei um eine staatliche Ordnungskategorie, um Menschen einteilen zu können. Das beruht auf einem Blick von außen, in der Regel auf unsere Intimorgane vor oder unmittelbar nach unserer Geburt. Cispersonen verwenden gerne den Begriff »biologisches« Geschlecht, weil das nach wissenschaftlicher Sicherheit, Objektivität und Überlegenheit klingt. Wahlweise beziehen sie sich auf Chromosomen, Hormone, Organe und Körperfunktionen wie beispielsweise Menstruation und Schwangerschaft. Ich kann euch hiermit schon mal versichern, dass Schwangerschaft keine *weibliche* Körperfunktion ist, sondern Menschen aller Geschlechter schwanger werden können. Je nach Situation kann das sogenannte »biologische« Geschlecht für Cispersonen etwas anderes bedeuten. Zunächst sind für gewöhnlich die Intimorgane zwischen den Beinen gemeint. Wenn das für ihre Argumentation nicht ausreicht, meinen sie eben mal zusätzlich ihre *umfassenden* Biologiekenntnisse einbringen zu müssen, die sie seit dem Unterricht damals in der 6b nicht aktualisiert haben, erklären sich zu »Privatgenetiker:innen« und sprechen plötzlich von Chromosomen. Für einige unerschütterlich der *Wissenschaft* und *Aufklärung* verpflichtete Cispersonen darf es auch gerne mal der Verweis auf klassisch rassistische Argumentationsmuster sein: Man müsse »einfach nur mal den Schädel, den Oberschenkelknochen und die Länge des Handrückens vermessen ...«, um Geschlechter *eindeutig* nachweisen zu können. Habe ich erlebt, habe ich mir anhören müssen, wird euch nicht gefallen.

»**Geschlechtsmerkmal**«: Ein beliebter Begriff, weil feste Vorstellungen bestehen, nach denen Geschlechter an Körpern ablesbar seien. Es wird also davon ausgegangen, dass beispielsweise durch bestimmte Organe, körperliche Statur, Gesichtszüge etc. ein Geschlecht von außen erkennbar sei. Tatsächlich offenbart dieser Begriff jedoch sehr gut, dass Geschlecht stets mit Begutachtung und einem Blick von anderen verknüpft wird. Selbstbestimmung findet hier keinen Platz.

»Cisgender und normale Menschen«

Häufig werde ich gefragt, wozu die Begriffe »cis«, »cisgeschlechtlich« und »Cisgender« überhaupt nötig wären. »Können wir nicht einfach normal sagen?« Es wird viel über Transpersonen gesprochen, doch wer sind eigentlich diese Menschen, die nicht trans sind? In der Regel werden Leute, ohne bewusst verletzen zu wollen, von »normalen Menschen« sprechen. Ein Phänomen, das sich bei Sexualität, romantischem Begehren, Antisemitismus, Rassismus, Behinderung etc. ebenso zeigt. Personen, die zu privilegierten Gruppen gehören, z. B. weiß, heterosexuell, nicht behindert, begreifen sich in vielem als »Normalzustand« und viele andere Menschen als Abweichung von deren Normalität und Lebensrealität. Das zu wissen ist sehr wichtig, um zu verstehen, wer gesellschaftlich, rechtlich und auch medizinisch den größten Einfluss und die meiste Macht besitzt. Um sich selbst als »die Normalität« zu begreifen und darstellen zu können, ist es notwendig, dass man aus einer Machtposition heraus agiert. Häufig wird auch versucht, mit mengenmäßigen Gegebenheiten zu »argumentieren«. Sätze wie »Es gibt ja aber auch nur sehr wenige Transpersonen« werden gesagt, um uns unsere Rechte, unsere persönliche Selbstentfaltung, aber auch, um uns unsere Kritik an bestehenden Diskriminierungen abzusprechen. Die Begriffe »cis« und »Cisgender« haben also die Aufgabe, die sprachlichen Bedingungen zu verändern, ein *game changer* zu sein. Sie nehmen Cispersonen nicht mehr als »normal« an, sondern markieren sie, machen sie sichtbar. Sie verdeutlichen, dass sie eben nicht »normal«, sondern cisgeschlechtlich sind. Es ist nicht schlimm, cisgeschlechtlich zu sein, ich habe viele Freund:innen in dieser bunten Community.

Aber weil Personen wie mir häufig der Vorwurf gemacht wird, wir würden uns ständig neue Begriffe ausdenken, die kein Mensch verstehen könne, ein Hinweis: Sprache verändert sich stetig, neue Begriffe kommen hinzu, andere werden aufgrund von diskriminierenden Bedeutungen oder sich mit der Zeit verändernden Gesellschaften aus dem Sprachgebrauch verdrängt. Das umfasst nicht nur Transfeindlichkeit, sondern alle Formen von Diskriminierungen. Betrachten wir jetzt mal speziell den Begriff »cis«: Es wird häufig der Vorwurf gemacht, dass es sich hierbei lediglich um einen *neuen Internetbegriff* handeln würde, der nicht ernst genommen werden könne. Jetzt betrachten wir zunächst einmal, wie Social Media als Medium zur Ermöglichung von Diskursen abgewertet wird. Tatsächlich konnte ich das meiste von meinem Wissen über Plattformen wie Twitter gewinnen oder selbst mit erschaffen. Um jetzt aber noch einmal speziell dem Vorwurf des *neuen Internetbegriffs* nachzugehen, müssen wir ins Jahr 1914 zurückkehren. In diesem Jahr sprach Magnus Hirschfeld, Arzt und Sexualforscher, davon und prägte den Begriff »Cisvestit«. Der Begriff »Transvestit« war bereits geläufig und beschrieb im damaligen Sprachgebrauch »Personen, die sich nicht geschlechtskonform kleiden«. Hirschfeld ging also davon aus, dass es dann auch Personen geben müsse, die sich »geschlechtskonform« kleiden. Anstatt diese Mehrheit als »normal« zu bezeichnen, sprach er von Cisvestiten und drehte die Bedingungen hierdurch um. Aus der vermeintlichen Normalität wurde nun ein Zustand, der die gedachte Normalität aufbricht und verändert. Volkmar Sigusch schloss im Jahr 1991 daran an. Der damals maßgebliche Begriff »Transsexualität« wurde durch Sigusch um »Cissexualität« komplettiert. Sigusch stellte wie zuvor Hirschfeld richtig, dass nicht einfach von »Normalen und Transsexuellen« gesprochen werden könne, und prägte hierdurch den Begriff »cissexuell« und »Cissexualität«.

»Ich habe da mal eine persönliche Frage«

Ich weiß, es klingt nach einer banalen Aussage. Sehr viele Transpersonen kennen genau diesen Satz nur zu gut. Nach diesem Satz kann einfach alles folgen. Was immer sicher ist: Jetzt wird's stressig. Für das bessere Verständnis konfrontiere ich euch mit einer kleinen Auswahl von Dialogen, die mir im Laufe der Jahre begegneten beziehungsweise aufgezwungen wurden. Dieser Abschnitt stellt lediglich einen winzigen Teil, eine Verdichtung von allem, was uns täglich entgegengebracht wird, dar. Bitte berücksichtigt, dass ich hier lediglich Statements erwähne, die ich selbst erfahren musste.

> Inhaltshinweis: Aussagen von gezielter/unbeabsichtigter Transfeindlichkeit, Misogynie, Homofeindlichkeit, Benennung von Sexualität/Sexualpraktiken, Benennung von Intimorganen, Sprechen über geschlechtliche Dysphorie

»Was hast du denn jetzt ... da unten?/Wann ist die OP?«
Ich erlebe häufig, dass Leute mitten im Gespräch das Thema hin zu meinen Intimorganen lenken und darüber Auskunft erhalten wollen. Kein Witz. Mir wird regelmäßig signalisiert, dass es Personen nicht bewusst ist, dass dies eine völlige Grenzüberschreitung ist, die mit massivem Stress für die Betroffenen einhergeht. Stress, weil plötzlich unsere Körper ungewollt ins Zentrum eines Gesprächs gerückt werden. Stress, weil diese Situation Risiken und Gefahren birgt. Die Körper von Transpersonen, gerade die Körper transgeschlechtlicher Frauen, werden hypersexualisiert. Wir gelten als personifizierte Sexualobjekte, die entweder als unterwürfig und konsumierbar oder als Bedrohung eingestuft werden. Gerade für das Selbstverständnis und die Männlichkeitskonzepte von cisgeschlechtlichen Männern gelten wir oftmals als Personen, die andere »hereinlegen« wollen würden. Wir haben hierfür sogar eine »eigene« Bezeichnung erhalten: »Trap«, zu deutsch »Falle«. Wir werden als Frauen dargestellt, die Cismänner »in die Falle« locken wollen würden. Unsere Marginalisierung, die Gewalt, die wir erfahren, wird umgekehrt, und wir werden als die eigentliche Gefahr eingestuft.

Aber diese Fragestellung beinhaltet eine weitere Ebene: Sie macht operative Eingriffe für Transpersonen zum Zwang, oder zumindest zu etwas, das erwartet und vorausgesetzt wird. Auch wenn der Operations- und Sterilisationszwang für Transpersonen seit 2011 aufgehoben ist, werden wir konsequent mit operativen Eingriffen zusammen gedacht. Ja, es wird von uns erwartet, operiert zu sein oder eine OP zu wollen. Sowohl von Einzelpersonen als auch bezüglich rechtlicher und medizinisch-psychologischer Aspekte. Wenn die Situation für mich sicher wirkt, sage ich gelegentlich, dass »Die OP« schon viele Jahre zurückliegt und ich auch echte Probleme mit den Weisheitszähnen hatte, diese nun aber zum Glück raus sind. Die Blicke und Reaktionen der Menschen sind Gold wert. Scheinbar geht es ihnen aber eher selten um den Zustand meines Gebisses.

»Im neuen Körper ankommen/ Weg in den richtigen Körper«
Es mag euch überraschen, aber unsere Seelen entfliehen nicht dem bisherigen Körper, fliegen nicht in das Ersatzteillager und suchen sich dort definitiv keinen passenden Spendenkörper aus, in den sie hineinfliegen können. Diesen Mythos könnt ihr hiermit als aufgelöst betrachten. Sorry. Wer medizinische Eingriffe ständig tabuisiert, also nicht mit den richtigen Begriffen darüber reden möchte, erfindet wohl eben solche Formulierungen. Begriffe wie »Geschlechtsumwandlung« oder »Umoperation« kommen vermutlich auch daher. Es ist einfach, es geht um körperliche Veränderungen, wir tauschen nicht den ganzen Körper aus.

»Bist du jetzt also eigentlich schwul und wirst dann hetero sein?«
Eine wundervolle Frage, die wieder eine geschlechtliche und eine sexuell-romantische Ebene beinhaltet.

Erstens werde ich mit dieser Frage als »eigentlicher Mann« eingeteilt, so wie Transfrauen und viele nicht binär-geschlechtliche Personen dies leider zu häufig erleben müssen. Für manche gelte ich »bis zur OP« als Mann, für offene transfeindliche Menschen für den Rest meines Lebens. Es ist die Vorstellung, dass wir erst durch operative Eingriffe zu unseren Geschlechtern werden könnten. Ein kurzer Einschub an dieser Stelle: Ich hatte »Die OP« drei Mal, und keine davon machte mich zur Frau, denn eine Frau war ich bereits vorher. Was diese Eingriffe machten, ist, meine geschlechtliche Dysphorie, meinen persönlichen Leidensdruck abzumildern. Das klingt jetzt dramatisch, aber alle Eingriffe erhöhten meine Sicherheit im Alltag. Die geschlechtliche Transition schützt mich vor bestimmten Formen von Frauenfeindlichkeit. Sexismus, das Cistem und das Patriarchat können diese leider nicht beseitigen. Aber keine Sorge, ich bin an der Sache dran.

Die zweite Ebene der Frage ist die sexuell-romantische. Weil ich als »Mann« eingestuft wurde, »der« für Außenstehende als »besonders feminin« galt, wurde oftmals davon ausgegangen, dass ich schwul sei. Handelsübliche Misogynie, Homofeindlichkeit und Transfeindlichkeit in einer

Frage. Oftmals wird erwartet, dass die geschlechtliche Transition Heterosexualität »herstellt«. Also dass wir als Frauen durch die Transition zu heterosexuellen Frauen werden müssten. Wenn uns diese Fragen von heterosexuellen Cismännern gestellt werden, bekommt die Situation noch einmal einen besonders bedrohlichen Drall dahingehend, unsere »sexuelle Verfügbarkeit« abzuklopfen. Zusammengefasst bedeutet dies, dass hierbei Geschlecht und romantisches und/oder sexuelles Begehren von außen gemaßregelt werden. Wir haben dies häufig zu erfüllen, nicht nur vor Privatpersonen, sondern auch vor Institutionen.

»Ich habe selbst einen Transsexuellen im Bekanntenkreis, der hat kein Problem damit.«
Ein echter Klassiker. Wenn privilegierte Personen für Aussagen und diskriminierende Handlungen kritisiert werden, ziehen sie gerne ihre *Überraschungs-Transperson* aus der Tasche, um sich gegen Kritik absichern zu wollen. Ob es diese Person tatsächlich gibt, spielt hierfür keine Rolle. Es geht lediglich darum, Kritiker:innen zu versichern, selbst unter keinen Umständen diskriminierend sein zu können. Doch selbst wenn die erwähnte Person real ist: Wir sind Individuen und können bestimmte Bezeichnungen verwenden, akzeptieren und andere ablehnen. Transpersonen sind keine homogene Masse. Dafür, dass eine Person keine

offene Kritik an bestimmten Aussagen anspricht, kann es vielerlei Gründe geben. Es ist mühselig, in jeder Situation immer wieder alle Basics erklären zu müssen, immer wieder Verständnis haben zu sollen. Und noch eine Überraschung: Auch Transpersonen können transfeindliche Aussagen machen. Wir haben Transfeindlichkeit ebenso verinnerlicht wie Cispersonen. Wir können anderen Transpersonen vorhalten was sie wann, wie und wo mit ihren Körpern zu machen haben. Zum Beispiel, dass Operationen zwingend nötig wären. Sind sie nicht. Es gibt ausgeprägte Feindlichkeiten gegenüber nicht binärgeschlechtlichen Personen, weil sie in der Vorstellung von Cis- wie anderen Transpersonen »nicht echt« sein könnten.

> Transfrauen sind Frauen, nicht binärgeschlechtliche Menschen sind nicht binärgeschlechtlich, Transmänner sind Männer, Cisfrauen sind Frauen, Cismänner sind Männer. Transfeindliche Aussagen sind transfeindlich, egal, wie sie gemeint waren.

»Für mich wirst du immer (Name einfügen) sein.«
Dieser Satz wurde mir häufig entgegengebracht, wenn ich mich vor Menschen als Frau outete. Es steckt nicht immer eine böswillige Absicht dahinter, aber cisgeschlechtliche Menschen versuchen hiermit, ihre Gefühle über deine Exis-

tenz zu stellen. Sie versuchen, ihre Emotionen in den Fokus zu rücken. Mit solchen Aussagen machen sie, vielleicht auch ungewollt, dein Outing zu ihrer *Last*, gar zu ihrer *Bürde*, unter der sie sehr leiden würden. Es ist ein Festhalten an einer Person, oder Vorstellung von einer Person, die so nicht (mehr) existent ist. Das, was uns gesellschaftlich ohnehin oftmals vermittelt wird, wird uns leider zu häufig auch von unseren engsten Umfeldern vermittelt. Falls noch Unklarheit besteht: Dies ist absolut keine respektvolle oder unterstützende Aussage, egal, wie sie gemeint ist. Wir existieren jetzt und hier, mit unseren Namen, mit unseren Geschlechtern, oder auch ganz ohne Geschlecht, und können uns nicht damit zufriedengeben, wenn Personen uns mit alten Namen, Geschlechtern, Titeln anreden, weil sie »aus Liebe« nicht bereit sind, sich weiterzuentwickeln.

»Transpersonen festigen Zweigeschlechtlichkeit und Sexismus.«
Ich weiß, die Ironie ist groß. Entweder gelten Transpersonen als »unwichtig«, weil wir so wenige sind, oder als »irrelevant« oder als »zu laut«. Uns werden viele Anschuldigungen entgegengeschleudert, und »richtig machen« können wir es nie. Umso spannender ist es nun, dass wir angeblich durch unsere Existenz das bestehende System von Zweigeschlechtlichkeit festigen. An meinem Lebensbeispiel wird mir also der Vorwurf gemacht, dass ich durch mein Leben

als Frau Sexismus und Stereotype, also klischeehafte Weiblichkeit, zementieren würde. Mitunter kommen Aussagen, ich wäre gar »zu weiblich«. Gleichzeitig – und jetzt festhalten – bekomme ich Sätze zu hören wie:

»Du wirst niemals eine Frau sein«, *»Du bist keine echte Frau«*, *»Man sieht deutlich an deiner Stimme, deiner Körpergröße, deinem Verhalten, dass du keine Frau sein kannst«.*

Ja, ich finde es auch amüsant, dass mir zum einen vorgeworfen wird, Stereotype zu festigen, und gleichzeitig nicht »Frau genug« sein zu können. Ja, was denn nun? Und wer festigt hier eigentlich Sexismus? Also, ich mache anderen Frauen keine Vorschriften, was sie wann, wie und wo mit ihren Körpern zu tun hätten ...

Seht ihr, welche Last uns auferlegt wird? Wir müssen nicht »nur« den medizinisch-psychologischen Apparat durchlaufen, Diagnostik, »Begleittherapie« und Begutachtungen über uns ergehen lassen. Nicht »nur« Gerichtsverfahren, Wartezeiten durchstehen und viel Geld bezahlen. Wir werden auch noch damit konfrontiert, dass die Zwänge, die uns auferlegt werden, um sicher durch Alltag, Behörden und Institutionen zu kommen, unsere eigene Schuld wären.

Wir werden vor Therapeut:innen, Gutachter:innen, Richter:innen dazu gezwungen, auf bestimmte Weise aufzutreten, uns zu kleiden, zu schminken, bestimmte Frisuren und Haarlängen zu tragen, bestimmte Gestiken einzuhalten. Das wird von uns erwartet, um »entsprechend der Geschlechterrolle zu leben«. Schlicht, um als das anerkannt zu werden, was und wer wir sind. Neben diesen medizinischen und rechtlichen Zwängen haben Menschen verinnerlicht, wie Frauen und Männer auszusehen haben, wie sie sich zu verhalten haben. Diese festen Vorstellungen sind tief in unserem Bewusstsein verankert. Ja, auch Transpersonen sind mit diesen Geschlechternormen aufgewachsen. Auch wir müssen uns diese Vorstellungen bewusst machen, um sie *entlernen* zu können. Sätze wie »Ich kann überhaupt nicht transfeindlich sein, weil ...« sind also völlig unhaltbare Versuche, Kritik von sich zu weisen. Gleichzeitig machen solche Aussagen es unmöglich, zu lernen und sich selbst zu reflektieren. Wenn ich mit meiner Arbeit gezielt Cismenschen adressiere, geht es nicht um Schuld, es geht darum, Menschen ihre Verantwortung zu verdeutlichen.

»Transfeindlicher Feminismus?! Gibt es das wirklich?«
Ich mach's kurz: Ja. Nächstes Thema.

Kleiner Scherz. Wenn ich den Begriff »transfeindlicher Feminismus« in Gespräche einstreue, zeigen sich Menschen oftmals verwirrt und halten dies für widersprüchlich. Die Realität zeigt jedoch immer wieder, dass sich Transfeindlichkeit und feministische Überzeugungen nicht ausschließen. Die Diskussion, ob das dann überhaupt Feminismus sein kann, würde den Rahmen dieses Buches sprengen.

Ich sprach bereits davon, wie Transpersonen, ausdrücklich Transfrauen, als eine *Gefahr* für die Öffentlichkeit dargestellt werden. Dieses Denken zeigt sich nicht nur bei frauenfeindlichen Männern. Hiermit wird auch versucht, uns von Schutzräumen auszuschließen, selbst wenn es nur um öffentliche Toiletten geht. Für einige feministische Räume, Zentren und Organisationen gelten Transfrauen als Aggressor:innen, denen der Zugang und Schutz verweigert werden müsse. Dies hat beispielsweise die Organisation »Terre des Femmes« in ihrem *»Positionspapier zu Transgender«* vom 12. September 2020 beschrieben. Hierzu:

»Wir unterstützen das Recht, das empfundene Geschlecht auszudrücken, setzen aber dort Grenzen, wo dieser Ausdruck das Recht von Frauen auf eigene Räume (z. B. Frauenhäuser) und Selbstorganisation auch unter Bezug auf den Körper betrifft.« (Terre des Femmes 2020).

Hiermit stellt man sich eindeutig gegen den Schutz von beispielsweise Transfrauen. Wir gelten hier weder als Frauen noch als schutzbedürftig, sondern werden als Gefahr definiert. Doch auch zu transgeschlechtlichen Jugendlichen hat Terre des Femmes eine Position:

»Mädchen müssen im Prozess auf der Suche nach sexueller Orientierung und Identität bestmöglich, d. h. durchaus auch hin-

terfragend, unterstützt werden. Keinesfalls darf dem Wunsch zur Transition einer Minderjährigen undifferenziert und ohne fachkundige Prüfung und Beratung über Ursachen und Folgen ihres Wunsches nachgegeben werden.« (ebd.)

In dieser Aussage zeigt sich gut, wie Menschen geschlechtlich vereinnahmt werden. Transjungen oder auch nicht binärgeschlechtliche Jugendliche werden konsequent als »Mädchen« bezeichnet. Sie werden als *schützenswert* betrachtet, weil sie in der Vorstellung der Organisation als »Mädchen« gelten, wohingegen tatsächliche Mädchen und (junge) Frauen bewusst ausgeschlossen oder als gefährlich eingestuft werden, wenn sie trans sind. Zusätzlich wird der Prozess der medizinischen Transition als etwas dargestellt, das leicht zugänglich sei. Ich weiß, es kommt überraschend, aber: »Ich geh schnell noch zur Apotheke, hole den Jahresvorrat Hormone und die OP lasse ich übermorgen machen ...« ist im Cistem nicht möglich. Ohne eine »fachkundige Prüfung und Beratung« (ebd.), wie TdF es nennt, ist dies ohnehin keine Realität. Allein für den Zugang zu einer Hormonersatztherapie werden in der Regel mehrere Monate, nicht selten ein Jahr oder mehr an Therapiezeit vorausgesetzt.

Außerdem steht dort »*Ursachen und Folgen*« (ebd.). Ganz ehrlich, die Prüfungsrate für Cispersonen und weshalb

Menschen denn nun cisgeschlechtlich seien, was die Folgen davon sind und ob dies überhaupt dauerhaft so bleibt, ist recht dürftig.

Der Beginn der transfeindlichen Erfahrungen

Viele Leute glauben, dass Transpersonen Transfeindlichkeit und Transmisogynie erst erleben, sobald sie sich der Außenwelt mitteilen und beginnen, nach außen offen zu leben.

Die Realität ist jedoch, dass sie bereits unser ganzen Leben auf uns einwirken, sogar, wenn wir uns dessen selbst noch nicht bewusst sind.

Gesprächen über Geschlecht zuzuhören, zu hören, wie über uns gedacht und gesprochen wird, aushalten zu müssen, abzuwarten, zu zweifeln, Angst haben zu müssen, sich anderen mitzuteilen, prägten mein Leben bereits Jahre vor meinem ersten Outing.

Was hierbei sehr wichtig ist, egal, ob es um geschlechtliche Dinge, sexuelle und/oder romantische Beziehungen geht, ein Outing ist niemals verpflichtend. Ebenso wenig haben andere Personen das Recht, mich vor weiteren Menschen zu outen, weil dies immer ein Risiko ist.

All diese Dinge, diese ständigen Abwägungen, ob wir uns anderen anvertrauen können, bilden einen konstanten Prozess in unserem Denken und Handeln. Permanenter Selbstschutz bestimmt unsere Leben.

Diese berechtigte Angst kann dazu führen, dass Transpersonen den Kontakt zu Familien und Freund*innen abbrechen, Jobs kündigen, wenn wir nicht ohnehin bereits entlassen wurden, den Wohnort verlassen, um irgendwo anders »neu« zu beginnen. Ein Leben im »Stealth-Modus«, mit wenig Kontakten oder Leben im öffentlichen Raum, aus Angst vor Anfeindungen und Gewalt. Nicht immer aus reiner Vorsicht, sondern häufiger nach bereits erlebter Gewalt.

Das sogenannte »Transsexuellengesetz«

Ich werde nun einen kurzen Überblick über die rechtliche Situation von Transpersonen in Deutschland geben, hauptsächlich in Bezug auf das sogenannte »Transsexuellengesetz«, kurz: TSG. Es bestehen andere rechtliche Möglichkeiten, wie die *Dritte* Option (Dritte Option 2017/18), die jedoch wiederum mit anderen Hürden versehen ist. Diese Option besteht unabhängig vom TSG. In seiner Originalform heißt es »Gesetz über die Änderung der Vornamen und die Feststellung der Geschlechtszugehörigkeit in besonderen Fällen«. Es trat am 1. Januar 1981 in Kraft, ist somit bald 40 Jahre alt, und ich werde gewiss nicht zum Jubiläum gratulieren, egal, wie alt es noch wird. Das Gesetz wurde im Lauf der Jahrzehnte durch mehrere Klagen angepasst, einige Passagen wurden aufgehoben. Es regelt(e) die Bereiche Vornamen, Geschlechtseintrag, Ehe, körperliche Unversehrtheit und das Eltern-Kind-Verhältnis. Damit Transpersonen Geschlecht und/oder nur ihren Vornamen *rechtlich anerkennen* lassen können, muss ein Antrag an das zuständige Amtsgericht gestellt werden. Eine Anhörung vor Gericht kann schriftlich oder persönlich erfolgen, im Anschluss werden zwei Gutachter:innen beauftragt, die die *Korrektheit* des Wunsches nach diesen Änderungen und die *Dauerhaftigkeit prüfen* und *sicherstellen* sollen. Das bedeutet, dass wir unser gesamtes Leben vor in der Regel unbekannten Personen ausbreiten müssen. Nichts wird unbeleuchtet gelassen. Egal ob Kindheit, familiäres Umfeld, Schulbildung, beruflicher Werdegang, unser Auftreten bei den Sitzungen in Bezug auf Kleidung, Frisuren, Make-up, Gestiken, romantische und/oder sexuelle Beziehungen und zu welchen Geschlechtern, werden ausführlich abgefragt und notiert. Diese Gutachten werden wiederum an das Gericht gesendet, das dann hoffentlich ein positives Urteil fällt. Die monatelange Wartezeit kommt noch dazu. Erwähnte ich, dass die Kosten hierfür selbst getragen werden müssen? Leider sind mehrere Tausend Euro keine Seltenheit. Die Kosten und Wartezeiten für alle weiteren Dokumente und Unterlagen, die nun geändert werden müssen, kommen selbstverständlich noch dazu.

In der ursprünglichen Form bestand ein Zwang zur Fortpflanzungsunfähigkeit, also ein Sterilisationszwang – ja, kein Witz –, und die weiteren operativen Eingriffe waren ebenfalls verpflichtend. Bis 2011, denn dann entschied das Bundesverfassungsgericht, dass dies nicht länger mit dem Grundrecht auf körperliche Unversehrtheit im Einklang stehe (BVerfG 2011). Seit 2008 muss eine bestehende Ehe nicht mehr geschieden werden. Das Gesetz festigt weiterhin Zweigeschlechtlichkeit, weil es für nicht binärgeschlechtliche Personen darin keine Option gibt neben »Frau und Mann«. Weiterhin betrachtet das Gesetz transgeschlechtliche Eltern in Bezug auf ihre Kinder als ihnen zugewiesenes Geschlecht. Für mich bedeutet dies, dass an meiner Stelle in der Geburtsurkunde meines Kinds ein nicht existenter Mann als »Vater« eingetragen wurde. Das sieht das deutsche Recht so vor und wurde vom Bundesgerichtshof 2018 auch noch einmal bestätigt. Ich finde den Begriff »Cissexuellengesetz« deshalb treffender.

Kapitel 5: Allyschaft

Was ist Allyschaft für dich, Felicia?

Unterstützende Cispersonen wünschen sich von mir immer wieder Tipps und Vorschläge, was sie konkret tun können. Wie sie Transpersonen ganz konkret supporten können. Kurz dazu: Ihr könnt das Cistem nicht in einem Gespräch, einem kurzen Kommentar beenden. Viele Transpersonen setzen ihre Leben und ihre Sicherheit dafür ein, um das zu schaffen, und auch wir werden das nicht so einfach hinbekommen. Da transgeschlechtliche Menschen in der Regel bei sich selbst anfangen, solltet ihr das auch tun. Es ist ein langer Prozess die Systematik der Zweigeschlechtlichkeit und ihre starren Normen an Körper und Verhaltensweisen zu erkennen, durchschauen zu lernen und zu kritisieren. Also ist es wichtig, sich permanent selbst zu hinterfragen. Wo mache *ich* Transpersonen Vorschriften, was sie wann und wie mit ihren Körpern zu tun hätten? Inwiefern fordere *ich* von Transpersonen bestimmtes Verhalten ein? Reagiere *ich* als Cisperson stets mit Abwehrhaltungen, weil *ich* ja nicht *so* bin? Verlange *ich* andauernd Aufklärungsarbeit, weil *ich* es sonst ja nicht verstehen könnte?

Es ist wichtig, sich selbst als Teil von diskriminierenden Strukturen zu begreifen, die eigene Position im Cistem zu

erkennen und welche Benachteiligungen für nicht binärgeschlechtliche Menschen, Transpersonen, intergeschlechtliche Personen das bedeutet. Und es ist wichtig, zu realisieren, welche Vorteile dies für Cispersonen mit sich bringt.
Privilegien zeichnen sich auch dadurch aus, dass Menschen
sie nicht bemerken, weil sie als *Normalzustand* begriffen
werden. Macht Platz, schafft Plattformen, gebt das Mikro
ab, sprecht nicht *für uns*, sondern überlasst uns die Bühne.
Und dort, wo gewaltvoll *über uns* gesprochen wird, solltet
ihr die Situation nicht verlassen, nicht später einen Post bei
Instagram oder Twitter mit »boah schlimme Transfeindlichkeit heute am Esstisch mit Onkel Dieter gehört, konnte
gar nichts sagen« machen, sondern Widerspruch einlegen,
Leuten verdeutlichen, dass ihre Aussagen nicht akzepta-
bel sind. Die Techniken und Argumente kriegt ihr von uns
in Büchern, Vorträgen und Social-Media-Kanälen, über die
wir Wissen permanent zugänglich machen. Es geht hierbei
um nichts Geringeres als unsere Leben. Das klingt dras-
tisch, aber die Belastungen, die mit all den Hürden kommen, werden nicht selten durch reale Anfeindungen und
Bedrohungen uns gegenüber verschärft. Glaubt mir, ich
weiß, wovon ich spreche und unter welchen Bedingungen
ich bereits Vorträge halten musste, damit meine Sicherheit
und die Sicherheit des Publikums gewährt war. Wir sind
hierbei auf eure Hilfe angewiesen. Auf euer Zurückstecken.

Der »Schmerz«, den ihr fühlt, weil ihr realisiert, nicht mehr in den Kategorien »Normale Menschen und Transpersonen« denken zu können, ist ein erster Schritt. Schützt insbesondere schwarze Transpersonen und Transpersonen of color, schützt Transkinder und übernehmt Verantwortung für euer Handeln.

Was bedeutet Allyschaft für dich, Laura?
Ich würde als Erstes die Gegenfrage stellen: Warum gibt es Menschen, die keine Allys sind oder sein wollen? Oder noch einen Schritt zurück: Warum gibt es Menschen, die Sexismus leugnen? Eine schwierige Frage! Aber es ist wichtig, sie zu stellen, um bestimmte Gesprächsstrategien in Sexismus-Debatten erkennen zu können. Und es gibt darauf natürlich, du hast es dir vielleicht gedacht, nicht nur eine Antwort. Die Theorie der Systemrechtfertigung beispielsweise beinhaltet, dass wir gern an Gerechtigkeit in der Welt glauben wollen. Werden wir mit Ungerechtigkeiten konfrontiert, stört dies unseren Gerechtigkeitsglauben und führt zur Verunsicherung. Das kann ein Grund sein, warum auch Frauen, also Negativbetroffene von Sexismus, diesen leugnen.

Ich glaube nicht, dass es Frauen gibt, die im Leben keine Sexismuserfahrungen machen. Sexismus bleibt aber oft unerkannt oder wird geleugnet; auch, weil wir uns alle an einem anderen Punkt des Entlernens befinden und uns nicht immer bewusst ist, welche Diskriminierungsmechanismen gerade zum Tragen kommen. Hinter der Behauptung, keinen Sexismus (mehr) zu sehen, steckt die Idee, ihn zählbar machen zu können. Dabei handelt es sich um ein strukturelles, komplexes System.

Wenn Frauen Sexismus anzweifeln, verrät uns das auch etwas über Privilegien – und nicht alle Frauen besitzen dieselben. Sie haben beispielsweise einen bestimmten beruflichen Status erreicht, wissen um den Weg dahin und sind (trotzdem) interessiert daran, am Mythos der gerechten Welt festzuhalten. Eine solche Ansicht wertet einerseits die eigenen biografischen Errungenschaften auf, die sicherlich auch aufgrund von Sexismus hart erkämpft worden sind. Andererseits lebt es sich in einer sexistischen Gesellschaft auch leichter, wenn ich diese in ihren Grundzügen nicht kritisiere, sondern nach ihren Regeln spiele. Wenn ich die Wahl habe, mitzuspielen oder nicht, ist das übrigens ein deutliches Zeichen von Privileg. Ein solches Verhalten sollte uns daran erinnern, dass wir alle Teil des Problems sind. Lasst uns das im Hinterkopf behalten, wenn wir in Diskussionen einsteigen. Hierbei geht es mir nicht darum, zu appellieren, milde mit sexistischen Gesprächspartner:innen umzugehen – die Wut von Negativbetroffenen ist berechtigt und Katalysator für Veränderung. Mir ist aber wichtig, zu betonen, dass wir sensibel mit unseren eigenen Ressourcen umgehen sollten, um diese Diskussionen überhaupt (immer und immer wieder) führen zu können.

Sexismus-Leugner:innen erleben mitunter ein Gefühl von Zugehörigkeit. Wer Sexismus aufzeigt und anprangert, lehnt sich gegen ein jahrhundertealtes System auf. Das kann sehr anstrengend sein und etablierte Vorstellungen ins Wanken bringen. Wir werden oft in dem Glauben erzogen, dass wir Zusammenhänge einmal lernen und uns auf diese dann als unumstößliche Wahrheiten verlassen können. So erklärt sich der Schmerz, den wir verspüren, wenn wir in Diskussionen auf gegenläufige Meinungen stoßen, wenn unser angenommenes Wissen und unsere Weltvorstellungen vom Gegenüber widerlegt, erweitert oder alternativ gedacht werden. Achtung: Das Verkünden eines Wahrheitsanspruchs, wie es in der Wissenschaft häufig geschieht, kann dazu dienen, gesellschaftliche Ungleichheiten zu legitimieren und aufrechtzuerhalten. Wer aber für eine gleichberechtigte Gesellschaft einstehen möchte, muss das stetige sich und andere Hinterfragen und auch den persönlichen Wachstumsschmerz auf sich nehmen.

Es gibt eine große Gruppe von Menschen, die sehr daran interessiert ist, das sexistische System aufrechtzuerhalten, denn es verfügt über eine nicht unbedeutende wirtschaftliche Dimension. Schaut man sich zum Beispiel die Regierungen der westlichen Welt an, so stellt man fest, dass sie überwiegend männlich besetzt sind. Die politische Macht liegt also, so könnte man mit Laurie Pennys Worten sagen, in männlicher Hand. Wenn wir über Macht sprechen, sollten wir auch darüber sprechen, wie Macht abgegeben und gerechter verteilt werden kann. Vor allem für jene Menschen, die Macht besitzen, ist Gleichberechtigung darum oft mit Angst verbunden. Um beispielsweise einen Machtausgleich zwischen Männern und Frauen herbeizuführen, also mehr Macht von Männern auf Frauen zu übertragen, müssten Männer zukünftig strukturell weniger gefördert werden als Frauen. Das klingt zunächst radikal, für einige vielleicht sogar »unfair«, würde aber einen bedeutenden Schritt in Richtung Gleichberechtigung markieren, denn unfair ist es ja aktuell aus umgekehrtem Grund. Führt man diesen Gedanken konsequent zu Ende, versteht man besser, warum viele Männer, vor allem die mit Macht, vehement dagegen sind, beispielsweise eine gesetzliche Quotierung zur Förderung von Frauen umzusetzen: Machtausgleich fordert von Männern den Verzicht auf bestimmte Privilegien. Privilegien, die sie seit Jahrhunderten innehaben – einfach so. Wenn wir Gleichberechtigung wollen, müssen Männer verzichten, abgeben und ebenbürtig leisten – Quote UND Qualität sozusagen.

Im Antifeminismus, bei dem wohl die extremste Form der Sexismus-Leugnung stattfindet und über den du bereits in Kapitel 1 gelesen hast, wird Sexismus unter anderem mit Kampfbegriffen wie »Genderwahn« und »Gender-Ideologie« bearbeitet. An dieser Stelle kann ich dir nur empfehlen, in politischen Diskursen auch immer eine Analyse der Sprache mitlaufen zu lassen. Sie verrät viel über die Positionen und Intentionen ihrer Sprecher:innen, und es ergeben sich daraus Muster. Diese zu erkennen und benennen zu können, kann dir helfen, deine Argumentationen mit klarem Blick zu führen.

Zurück zum Anfang: Was bedeutet Allyschaft für mich? Ich versuche es kurz zu machen und zähle einfach alles auf, was mir dazu einfällt: Allyschaft ist Solidarität. Allyschaft ist zuhören, Platz machen, Bühnen, Programmplätze und Podien freigeben, Mikrofone und Stellenangebote weiterreichen. Allyschaft ist abgeben, zurückgeben und verzichten. Allyschaft bedeutet auch, lernwillig und kritikfähig zu sein. Ressourcen in Antidiskriminierungsarbeit zu investieren, beispielsweise Zeit für die eigene Bildungsarbeit einzuplanen und Geld an Antisexismus-Initiativen zu spenden. Allyschaft bedeutet sich weiterbilden und im Zweifelsfall sensibel nachfragen, ohne zu verletzen oder übergriffig zu sein. Und wenn es doch passiert – und es passiert –, dann ist Allyschaft auch, sich zu entschuldigen, sich nicht abzuwenden. Allys fühlen, dass die Bedürfnisse Negativbetroffener über den eigenen Befindlichkeiten stehen. Allyschaft ist

Ego ablegen und Fehler eingestehen, sich der eigenen Privilegien bewusst werden. Ally sein ist keine Selbstbezeichnung. Es bedeutet vielmehr, für andere einzustehen, ohne dabei eigene Interessen zu verfolgen oder Bedürfnisse zu befriedigen. Allyschaft heißt also auch, den Unterschied zu performativer Allyschaft zu verstehen. Allyschaft kann eine Umarmung sein. Ein aufmunternder Blick. Ein zustimmendes Nicken. Ein Einmischen und Unterstützen in Diskussionen. Ein Rückenstärken und sich schützend vor Negativbetroffene stellen, wenn dies situativ notwendig und gewünscht ist – im Zweifelsfall also besser nachfragen. Allyschaft bedeutet, sich laut und deutlich gegen Sexismus auszusprechen, unabhängig davon, ob Negativbetroffene gerade an- oder abwesend sind. Sexismus muss antisexistische Reaktionen erzeugen.

Was bedeutet Allyschaft für dich, Fabienne?
Allyschaft bedeutet für mich mehr als das Schließen von Allianzen, von Solidaritätsgemeinschaften. Allyschaft muss bedeuten, dass Personen, die gewillt sind, sich zu solidarisieren und an deiner Seite zu stehen, schon lange darüber hinweg sind, eigene Privilegien erkannt und artikuliert zu haben. Ein Ally kann für mich nur sein, wer in der Lage war, seine gesellschaftliche Position zu ergründen und offen darzulegen. Nur so ist es dieser Person möglich, auch Rück-

sicht im antirassistischen, queerfeministischen Kampf für Gleichberechtigung zu nehmen und keinen Raum einzunehmen, der der Person nicht gebührt. Eine Allianz ist kompromisslos und zeitlich unbegrenzt. Eine Allianz darf sich nicht über persönliche Sympathie definieren. Sie bedeutet, dass man aus der grundsätzlichen politischen Position heraus verstanden hat, warum es wichtig ist, antirassistisch und antisexistisch zu sein. Jemand, die die Dimensionen von Diskriminierung verstanden hat und sich immer wieder aktiv dafür entscheidet, diese zu durchbrechen. Mit dem eigenen Handeln und in jeder Situation. Natürlich ist das nicht immer leicht und auch nicht immer sicher. Natürlich gilt es das abzuwägen.

Aber: Eine von Diskriminierung betroffene Person muss in der Lage sein, ihre eigenen Erfahrungen ohne Relativierungen und Erläuterungen für die Wahrheit zu erklären.

Ohne Allys wird das in unserer Gesellschaft, die so sehr davon überzeugt ist, kein Problem mit verschiedensten Diskriminierungsformen zu haben, nie richtig möglich sein.

Kapitel 6: Gleichberechtigung

Was bedeutet für dich Gleichberechtigung, Fabienne?

Ich möchte in einer Gesellschaft leben, die sich ihrer Vergangenheit bewusst und bereit ist, sie kritisch aufzuarbeiten. Wir haben alle die Möglichkeit, nachzuvollziehen, auf welchen Verbrechen und auf welchem Unrecht Staaten wie Deutschland, Frankreich, Belgien, die USA und viele mehr ihre Erfolge aufbauen. Wir können den Geschichten von Betroffenen lauschen und nachlesen, was passiert ist. Was mit Menschen, die vor mehreren Hundert Jahren als nicht menschlich kategorisiert wurden, nur um den ökonomischen Erfolg verschiedenster Nationen zu generieren und zu sichern, passiert ist. Wir können denen zuhören, die unter täglicher Diskriminierung der Dominanzgesellschaft leiden.

Ich will, dass wir dieses Wissen in Schulen vermitteln. Ich will, dass es eine Art Erinnerungskultur für all diese schrecklichen menschlichen Verbrechen gibt. Ich bin mir nämlich sicher, dass wir sonst nicht in der Lage sein werden, die Schäden zu reparieren, die dazu geführt haben, dass neokoloniale Strukturen, also eine neue, quasi moderne Art von Kolonialismus gepaart mit Rassismus, manipuliert, wie wir anderen Gruppen begegnen, wie wir mit ihnen oder über sie sprechen. Das, was lange erlernt war, kann nicht einfach entlernt werden, kann nicht einfach entschuldigt werden. Das Mindeste wäre doch, anzuerkennen, was angerichtet wurde, und einander mit diesem Minimum an Respekt zu begegnen. Das muss bedeuten, dass ich die Person, die mir gegenübersteht, immer als ebenbürtig, als gleichwertig wahrnehme, ohne dies jemals infrage zu stellen. Unabhängig von ihrem Gender, ihrer Gruppenzugehörigkeit, ihrem Vermögen, ihrer sexuellen Orientierung, ihrer Religion.

Ohne Erfahrungen, Verletzungen, Grenzen oder Selbstbezeichnungen zu hinterfragen. Bei weißen Cis-hetero-Männern versucht das in der Regel nämlich auch niemand. Außer vielleicht ein anderer weißer Cis-hetero-Mann. Und dass die Entscheidungsgewalt dieser Gruppe uns in der Vergangenheit sehr viel Unheil gebracht hat, werde ich ohnehin nicht müde zu erwähnen. Da lohnt es sich doch allemal, in aktueller Geschichtsschreibung anderen Menschen Raum für Ideen, Veränderungen und Überzeugungen zu geben.

Was bedeutet eine gleichberechtigte Gesellschaft für dich, Laura?
Gesellschaftliche Gleichberechtigung würde für mich, sehr theoretisch formuliert, bedeuten, dass Menschen unab-

hängig von Herkunft, Ethnie, Geschlecht, Sexualität, Religion, Alter und weiteren Faktoren dieselben Voraussetzungen erhalten, ein gutes Leben zu führen. Dies ist aktuell nicht der Fall – an keinem Ort auf der Welt, wobei sich die Ungleichheiten hinsichtlich verschiedener Faktoren, von Land zu Land unterscheiden und dafür verschiedene Gründe eine Rolle spielen. Schwierig also, konkret über (die) eine gleichberechtigte Gesellschaft zu sprechen, wenn sie so fern ist. Ich versuche daher, einige Maßnahmen zu formulieren, die wir berücksichtigen sollten, um diesem Ziel etwas näher zu kommen.

Privilegien anerkennen: Ich verweise mal wieder auf Laurie Penny, die sagt, wer sich an die eigenen Privilegien gewöhnt hat, empfindet Gleichberechtigung als Unrecht oder Bevorzugung anderer. Diskriminierung ist strukturell und verhindert Gleichberechtigung, daher muss auch die Bekämpfung von Diskriminierung strukturell erfolgen.

Alle mitdenken: Wenn wir über Diskriminierung sprechen und erste strukturelle Schritte einleiten, um sie zu bekämpfen, müssen wir alle mitdenken: intersektional. Gesetzliche Quotierung zur Förderung von Frauen kann daher nur der Anfang sein.

Macht ausgleichen: Lasst uns noch mal kurz zusammenfassen, dass Feminismus nicht eine Umkehr von Macht will, sondern schon viele Jahrzehnte dafür einsteht, Machtausgleich zu erwirken. Welche Gründe bleiben damit übrig, antifeministisch, antiintersektional zu argumentieren und nicht dagegen vorzugehen? Kein Ally sein zu wollen, bedeutet daher im Umkehrschluss, ganz offen zu sagen: Mir soll es einfach (weiterhin) besser gehen als anderen. Achtung: »Ally« ist keine Selbstbezeichnung. Negativbetroffene besitzen die Deutungshoheit darüber, welches Handeln wirklich unterstützend und solidarisch — und nicht performativ — ist.

Sprachsensibel sein: Sprache spiegelt unser Denken und unsere verinnerlichten Werte wider, ohne dass wir es immer wollen, wissen oder bewusst steuern können. Sprache formt unsere Wirklichkeit. Wie wir Fragen stellen und Debatten kommentieren, zeigt auch, wie wir über die Dinge denken und was und wen wir offensichtlich nicht mitdenken. Sprache ist Macht. Und wer sprechen darf, besitzt sie. Auch ich, die an diesem Buch mitschreiben durfte, muss mir dessen bewusst sein.

Gemeinsam lachen: Wie oft sehen wir Werbekampagnen, Spots und Karikaturen, lesen Kolumnen oder bekommen Memes im Familienchat geschickt, die eindeutig Sexismen reproduzieren? Imelda Whelehan spricht von »Retro-Sexismus«, der versucht, ironisch oder nostalgisch daherzukommen, dabei aber eigentlich nur eins ist: sexistisch. Ich finde, solange wir als Gesellschaft noch nicht flächendeckend erkannt und anerkannt haben, was Diskriminierung für Negativbetroffene bedeutet, sollten wir auch sensibel mit dem Thema Humor umgehen. Wir lachen aus unterschiedlichen Gründen, von unterschiedlichen Standpunkten aus und mit unterschiedlichen Begünstigungen und Intersektionen mit. Lasst uns über Originelles, Innovatives, Absurdes lachen, nicht ÜBER die strukturelle Benachteiligung von Menschen. Aber Achtung: Humor ist auch eine Bewältigungsstrategie Negativbetroffener und kann eine Form von Empowerment darstellen. Fragen wir uns also immer: Wer lacht?

Sich respektvoll begegnen, online und offline: Prinzipiell sollten wir einen respektvollen Umgang miteinander pflegen, wobei direkt anzumerken ist, dass Negativbetroffene von Diskriminierung das Recht haben, wütend zu sein, und nicht in der Pflicht stehen, ihre Anliegen immer höflich hervorzubringen. Wir leben im 21. Jahrhundert und sind ständig online. Mittlerweile findet ein großer Teil unseres Lebens digital statt. Auch das Internet ist die Wirklichkeit und ein Ort, an dem es eines respektvollen Umgangs bedarf. Das Internet ist außerdem ein Ort, an dem Menschen, vor allem sich in der Öffentlichkeit feministisch äußernde, beleidigt, belästigt, bedroht und verfolgt werden. Laurie Penny spricht in diesem Zusammenhang von *Cybersexismus*.

Was bedeutet für dich eine gleichberechtigte Gesellschaft, Felicia?

Eine Gesellschaft, in der ich die Fragen nach Utopien und wie eine Gesellschaft auch aussehen könnte, nicht mehr beantworten muss. Denn vieles, was ich als Antwort schreibe, wurde tausendfach geschrieben und von Menschen vor mir sicherlich präziser, schlagkräftiger und besser formuliert. Vieles von dem, was ich als Antwort schreiben könnte, kommt mir immer zu banal und zu selbstverständlich vor. Aber im Leben von Transpersonen ist nichts selbstverständlich. Ich will mich nicht beweisen müssen. Ich will mich nicht rechtfertigen müssen. Ich will keinen Gefahren ausgesetzt werden, weil ich atme und existiere. Ich will nicht immer erklären, wie *die bessere Welt* aussieht, wenn ich selbst nicht einmal wissen kann, ob ich sie erleben werde. Es werden weitere Generationen von trans- und nicht binärgeschlechtlichen Jugendlichen kommen, die sich noch viel weniger mit den bestehenden Zuständen zufriedengeben können und wollen. Sie werden weiter den Weg dafür bereiten, und ich bin ein kleines Rädchen in diesem Prozess. Eine bessere Gesellschaft, in der die Grundlagen für gesellschaftliche und rechtliche Diskriminierung, Antisemitismus, Sexismus, Ableismus, Rassismus, Klassismus, Transfeindlichkeit überwunden, entkräftet, bekämpft sind, ist möglich.

Quellenverzeichnis

Kapitel 1:

Anna Schiff, auf die ich mich in meinen Textteilen immer wieder beziehe, hat ein Basiswerk zum Thema »Sexismus« geschrieben, in dem sie auch auf verschiedene, teilweise gegensätzliche innerfeministische Strömungen verweist und Fragen nach einem feministischen Wie und Wir aufdeckt: Schiff, A. (2019): *Sexismus*. Köln: PapyRossa Verlag, S. 44 f.

Über den Wahrheitsbegriff und die Tücken einer rein wissenschaftlichen Interpretation liest du mehr bei Ruck, N.: »Bullshit erhebt Wahrheitsanspruch. Was ist Wahrheit?«, in: Sorority (2018): *No More Bullshit. Das Handbuch gegen sexistische Stammtischweisheiten*. Wien: Kremayr & Scheriau, S. 30–33.

Treffende Worte zu den Idealen des Feminismus und warum diese keinesfalls eine Benachteiligung von Männern bedeuten, liest du bei Bissuti, R.: »Mittlerweile werden Männer* diskriminiert!«, in: Sorority (2018), S. 64–69.

BPB, Varianten des Sexismus | APuZ, Ina Kerner, aufgerufen am 01. 10. 2020

Gender Glossar, »Intersektionalität«, Carolin Küppers, aufgerufen am 02. 10. 2020.

Kimberly Cranshaw, »Der Zusammenhang von Race und Gender« 1989, in *Schwarzer Feminismus*, hrsg. von Natasha Kelly.

Kapitel 2 (von Laura Hofmann):

Die Definition für den Begriff »Sexismus«, einen kurzen Abriss zu seiner Geschichte und verschiedenen innerfeministischen Theorien und auch, wie und warum der Begriff seit 2003 verstärkt in die öffentlich-medialen Debatten zurückgelangte, liest du nach bei Schiff (2019), S. 9–20. Ergänzend dazu empfehle ich Ewert, F. (2020): *Trans. Frau. Sein.* Münster: edition assemblage, um sicherzugehen, dass der Begriff transinklusiv gedacht und verstanden wird. Ewert schreibt auf Seite 150 treffend: »Die definitiv notwendige Arbeit, Sexismus zu kritisieren, basiert jedoch stets auf Zweigeschlechtlichkeit und kann damit wiederum selbst geschlechtlichen Biologismus reproduzieren.«

Mehr zu den Themen körperliche Selbstbestimmung, Schwangerschaft und Abtreibungsverbote liest du bei Schiff (2019), S. 91–100.

Über weibliche Führung und die strukturelle Benachteiligung dabei erfährst du im Sammelband von Sorority (2018) in den Texten von Kühne, F.: »Alle Türen stehen euch offen – Was wollt ihr denn noch?«, S. 110–119; und Ortner, T.: »Frauen* wollen ja gar nicht in Führungspositionen!«, S. 132–141.

Zum Begriff »Female Sexspeech« hat Reyhan Şahin im Text »Sex« geschrieben, erschienen in Aydemir, F., Yaghoobifarah, H. (2019): *Eure Heimat ist unser Albtraum.* Berlin: Ullstein fünf, S. 156–166.

Alternative Gedanken zum Thema Schönsein liest du in Laurie Pennys Essays »Barbies Kurven« und »Unnatürliche Schönheit«, in dies. (2017): *Bitch Doktrin.* Hamburg: Edition Nautilus, S. 136–140 und S. 154–158.

Zur Unterscheidung zwischen Sexismus und sexueller Gewalt, über den öffentlich-medialen Täter:innen-Opfer-Umgang bei Delikten sexueller Gewalt, die Vereinnahmung dieser Thematik durch Rechtspopulist:innen und über die Ethnisierung von Sexismus, bei der Sexismus, Rassismus und Feminismus ineinanderspielen, empfehle ich weiterführend Schiff (2019), S. 78–86 und 114–126.

Zu gesetzlicher Quotierung und Sorgearbeit liest du beispielsweise in Kapitel 7 von Anna Schiff (2019), S. 101–113; im Text »Qualität statt Quote!« von Larissa Lielacher in Sorority (2018), S. 142–149; und bei Laurie Penny: »Über Quoten und Leistungen«, in: dies. (2017), S. 99–105. Über alternative, antisexistische und familienfreundliche Arbeitsmodelle schreibt Fränzi Kühne ebda., S. 110–119. Besagten Blogbeitrag der Edition F zur Gleichstellung in der Wissenschaft findest du unter: Ott, D. (15. 07. 2019): *Eine Uni führt die 100-Prozent-Frauenquote ein – ein erster Vorstoß zur Weltherrschaft der Frauen?* https://editionf.com/100-prozent-frauenquote-universitaet-tu-eindhoven-niederlande-gleichberechtigung-diversitaet/ (aufgerufen am 24. 10. 2020).

Um die Themen Lohnarbeit und unbezahlte Arbeit zu vertiefen, empfehle ich »Der Pay Gap ist ein Mythos!« von Aruqai, E. und Mader, K., erschienen in Sorority (2018), S. 46–53; und »Karrieregeile Rabenmutter!« von Zehetner, B., ebda., S. 70–77.

Laurie Penny schreibt in ihrem Essay »Waren-Feminismus« kritisch über dessen Kommerzialisierung und Instrumentalisierung durch den Kapitalismus, in: dies. (2017): *Bitch Doktrin*, S. 110–112. Zu seiner Kommerzialisierung gehört auch der Neoliberalismus, den Schiff (2019) auf Seite 110 bis 113 analysiert.

Zur Frage »Bin ich sexistisch?« findest du mehr bei Schiff (2019), S. 35 f.; und in der Kolumne von Margarete Stokowski (06. 11. 2018): *Weiße und Männer können alles haben, aber das nicht.* https://www.spiegel.de/kultur/gesellschaft/warum-es-keinen-sexismus-gegen-maenner-oder-rassismus-gegen-weisse-gibt-a-1236954.html (aufgerufen am 24. 10. 2020). Schiff führt außerdem Begriff und These der »Mittäterschaft« an, die im Sexismus-Diskurs auf Christina Thürmer-Rohr zurückgehen. Thürmer-Rohr untersuchte darunter 2009, warum Frauen ihre strukturelle Benachteiligung akzeptieren und damit zur Aufrechterhaltung des Systems Sexismus beitragen (S. 28). Karen Köhler schrieb zu diesem Thema einen eindrücklichen Text mit dem Titel »Metatäter«, der 2019 im von ihr herausgegebenen Akzente-Band *Briefe an die Täter* veröffentlicht wurde.

Kapitel 3 (von Fabienne Sand):
Vg. Barbara Smith, »Bittere Wahrheiten über die Schwarze feministische Bewegung« 1985, erschienen in *Schwarzer Feminismus*, Hrsg. Natasha A. Kelly)

Rassismus | bpb, von Maureen Maisha Auma, 30. 11. 2017, aufgerufen am 05. 10. 2020
Geulen, Christian in »Geschichte des Rassismus«, C. H. Beck Wissen, 2017

Jobs, Sebastian, BPB, »Sklaverei und Sklavenhandel | bpb«, Aufgerufen am 05. 10. 2020

Deutschlandfunk Nova »Eine Stunde History«, »1520 – das erste Sklavenschiff von Afrika nach Haiti«, aufgerufen am 05.10.2020

Ziai, Aram, »Neokoloniale Weltordnung? Brüche und Kontinuitäten seit der Dekolonisation | APuZ«, BPB, aufgerufen am 16.10.2020

Attia, Iman, »Rassismus (nicht) beim Namen nennen | APuZ«, BPB, aufgerufen am 10.10.2020

Nguyen, Toan Quoc, »Offensichtlich und zugedeckt – Alltagsrassismus in Deutschland | bpb«, BPB, aufgerufen am 10.10.2020

Mediendienst Integration, Prof. Dr. Thomas Hestermann, Hochschule Macromedia, »Wie häufig nennen Medien die Herkunft von Tatverdächtigen?«, Dezember 2019

Kapitel 4 (von Felicia Ewert):
Ajanovic, Edma; Mayer, Stefanie; Sauer, Birgit (2018): Kampfbegriff ›Gender-Ideologie‹ – Zur Anatomie eines diskursiven Knotens. Beispiel Österreich. In: Lang; Peters (HG.) (2018): Antifeminismus in Bewegung.

Antmann, Debora (2019): Ein binäres System ohne Zweigeschlechtlichkeit – Die sechs Geschlechter im Judentum. In: https://missy-magazine.de/blog/2019/05/14/ein-binaeres-system-ohne-zweigeschlechtlichkeit/ Aufgerufen am 19.10.2020.

Balestín, Lucas (2018): Gender as Colonial Object – The spread of Western gender categories through European colonization. In: https://publicseminar.org/2018/07/gender-as-colonial-object/ Aufgerufen am 20.10.2020.

Bourdieu, Pierre (2012): Die männliche Herrschaft.

Dritte Option (2018): Stellungnahme zum Beschluss der Bundesregierung vom 15.08.2018 zur Dritten Option. In: http://dritte-option.de/der-vorliegende-gesetzentwurf-beseitigt-die-aktuell-bestehende-verletzung-der-grundrechte-von-personen-die-sich-weder-dem-maennlichen-noch-dem-weiblichen-geschlecht-zuordnen-koennen-nicht/ abgerufen 20.10.2020.

Ewert, Felicia (2018): Trans. Frau. Sein. Aspekte geschlechtlicher Marginalisierung. 2. Auflage.

Hirschfeld, Magnus (1914): Die Homosexualität des Mannes und des Weibes, Berlin.

LaGata, Carla (2018): Kulturelle Alternativen zur Zweigeschlechtlichkeit – Vielfalt statt Universalismus. In: https://m.bpb.de/gesellschaft/gender/geschlechtliche-vielfalt-trans/245271/kulturelle-alternativen-zur-zweigeschlechterordnung Aufgerufen am 19.10.2020.

Oyěwùmí, Oyèrónké (1997): The Invention of Women: Making an African Sense of Western Gender Discourses.

Pető, Andrea (2015): »»Anti-gender« mobilisational discourse of conservative and far right parties as a challenge for progressive politics«. In: Kováts, Eszter; Põim, Maari (2015): *Gender as symbolic glue.*

Serano, Julia (2007): *Whipping Girl – A Transsexual Woman on Sexism and the Scapegoating of Femininity.*

Terre des Femmes (2020): Positionspapier zu Transgender, Selbstbestimmung und Geschlecht. In: https://www.frauenrechte.de/images/downloads/presse/Positionspapier_Transgender_TDF.pdf Aufgerufen am 02.10.2020.

Kapitel 5:
Lana Lauren ist der Frage, warum Menschen, auch Frauen, Sexismus und Sexismuserfahrungen leugnen, visuell in ihrem Comic *»Also, ich fühle mich nicht unterdrückt.«* nachgegangen, erschienen im Sammelband von Sorority (2018), S. 94–101. Mehr über den sozialpsychologischen Ansatz der Systemrechtfertigung findest du bei Schiff (2019), S. 23–30. Über Frauenförderung und Machtausgleich statt Machtumkehr schreibt Laurie Penny pointiert in *Bitch Doktrin* (2017), S. 101–103.

Kapitel 6:
Die treffende Aussage Pennys über den Umgang mit den eigenen Privilegien stammt aus *Bitch Doktrin* (2017), S. 91.

Margarete Stokowski schreibt in ihrer Kolumne *Cancel Culture für Anfänger* über Sprache und Macht und dekonstruiert Kampfbegriffe wie »Politische Korrektheit«, »Sprachpolizei« oder »Cancel Culture« und den mit der Debatte oftmals einhergehenden Vorwurf der Zensur: Stokowski, M. (11. 08. 2020): *Cancel Culture für Anfänger*. https://www.spiegel.de/kultur/cancel-culture-fuer-anfaenger-kolumne-zum-streit-um-lisa-eckart-a-2c3d06d6–0b3c-4dc3–858b-2ecd052a365a (aufgerufen am 24. 10. 2020).

Zum Diskurs Sexismus und Humor empfehle ich für den Einstieg Schiff (2019), S. 19; und Reyhan Şahins »Verstehst du keinen Spass?« in: Sorority (2018), S. 150–157.

Laurie Penny vertieft den Begriff »*Cybersexismus*« in ihrem gleichnamigen Essay, der 2016 als E-Book in deutscher Sprache veröffentlicht wurde. Darin reflektiert sie die Bedeutung des Internets für ihre Generation (Jahrgang 1988), das von Beginn an auch als Safer Space für marginalisierte Gruppen diente, und berichtet, wie dieser Ort sich für sie verändert hat, nachdem sie begann, öffentlich und digital zu feministischen Themen zu schreiben.

Kapitel 7:
Mehr zum Thema Dicken- und Fettfeindlichkeit liest du bei Sofie Hagen (2020): *Happy Fat. Nimm dir deinen Platz!* Köln: DuMont Buchverlag. Ich empfehle dazu außerdem – für den Einstieg – die deutschen Instagram-Accounts von @wirmuesstenmalreden und @wenigstenseinhuebschesgesicht, die zu dieser Diskriminierungsform überblickend und auch anhand persönlicher Erfahrungen Negativbetroffener weiterbilden. Das Netzkollektiv Wirmuesstenmalreden hat auf seinem gleichnamigen Blog sogar einen Beitrag zu *Thin Allyschaft* verfasst: https://wirmuesstenreden.blogspot.com/p/how-to-be-ally-der-guide-mehrgewichtige.html

Quellenverzeichnis im Überblick

Aydemir, F., Yaghoobifarah, H. (2019): *Eure Heimat ist unser Albtraum.* Berlin: Ullstein fünf.

Ewert, F. (2020): *Trans. Frau. Sein.* Münster: edition assemblage.

Hagen, S. (2020): *Happy Fat. Nimm dir deinen Platz!* Köln: DuMont Buchverlag.

Penny, L. (2016): Cybersexismus. Hamburg: Edition Nautilus.

Penny, L. (2017): *Bitch Doktrin.* Hamburg: Edition Nautilus.

Schiff, A. (2019): *Sexismus.* Köln: PapyRossa Verlag.

Sorority (2018): *No More Bullshit. Das Handbuch gegen sexistische Stammtischweisheiten.* Wien: Kremayr & Scheriau.

Rechtsquellen

Bundesgerichtshof (2017): »Beschluss vom 29. November 2017 – XII ZB 459/16«, in: http://juris.bundesgerichtshof.de/cgi-bin/rechtsprechung/document.py?Gericht=bgh&Art=en&Datum=Aktuell&nr=80553&linked=pm. Aufgerufen am 27.02.2018.

Bundesgerichtshof (2018): »Beschluss XII ZB 459/16«, in: http://juris.bundesgerichtshof.de/cgi-bin/rechtsprechung/document.py?Gericht=bgh&Art=en&nr=80554&pos=0&anz=1. Aufgerufen am 18.03.2018.

BverfG – 1 BvL 3/03 – (2006), in: http://www.bverfg.de/entscheidungen/ls20051206_1bvl000303.html. Aufgerufen am 21.01.2017.

BverfG – 1 BvR 3295/07 – (2011), in: https://www.bundesverfassungsgericht.de/SharedDocs/Entscheidungen/DE/2011/01/rs20110111_1bvr329507.html. Aufgerufen am 12.01.2017.

BverfG – 1 BvL 10/05 – (2011), in: (http://www.bundesverfas sungsgericht.de/SharedDocs/Entscheidungen/DE/2008/05/ ls20080527_1bvl001005.html. Aufgerufen am 11.01.2017.

Personenstandsgesetz § 22 »Fehlende Angaben«, in: https:// www.gesetze-im-internet.de/pstg/__22.html. Aufgerufen am 12.03.2019.

Personenstandsgesetz § 45b »Erklärung zur Geschlechtsanga- be und Vornamensführung bei Personen mit Varianten der Ge- schlechtsentwicklung« in: https://dejure.org/gesetze/PStG/45b. html. Aufgerufen am 12.03.2019.

Transsexuellengesetz (1980): Gesetz über die Änderung der Vor- namen und Feststellung der Geschlechtszugehörigkeit in beson- deren Fällen, in: (BGBl. I S.1654), das zuletzt durch Artikel 1 des Gesetzes vom 17. Juli 2009 (BGBl. I S.1978) geändert worden ist.

Weiterführende Literatur

Bücher, Comics & Graphic Novels

- Köhler, K. (2019): *Briefe an die Täter. Akzente 3.* Berlin: Carl Han- ser Verlag.
- Muzur, L. (2018): *Sagte sie. 17 Erzählungen über Sex und Macht.* Berlin: Hanser Berlin.
- Şahin, Reyhan (2019): *Yalla, Feminismus!* Berlin: Tropen Verlag.
- Wilpert, B. (2018): *Nichts, was uns passiert.* Berlin: Verbrecher Verlag.
- **AK Fe. In (2019):** Frauen*Rechte und Frauen*Hass – Antifemi- nismus und die Ethnisierung von Hass, 2. Auflage.

- **Franzen, Jannik; Sauer, Arn** (2010): Benachteiligung von Trans*Personen, insbesondere im Arbeitsleben.
- **Küppers, Carolin** (2012): Soziologische Dimensionen von Geschlecht, in: https://www.bpb.de/apuz/135431/soziologische-dimensionen-von-geschlecht. Aufgerufen am 13.10.2020.
- **Sauer, Arn et al.** (2015): Geschlechtliche Vielfalt – Begrifflichkeiten, Definitionen und disziplinäre Zugänge zu Trans- und Intergeschlechtlichkeiten.
- **Sprich es an**!, Morfeld, C., Gralke, T., Steffan, P. (2020): Sprich es an! Rechtspopulistischer Sprache radikal höflich entgegentreten. Hamburg: Verlag Friedrich Oetinger.
- **Steffan, P.** (2019): Sag was! Radikal höflich gegen Rechtspopulismus argumentieren, Hamburg: Verlag Friedrich Oetinger
- **Jewell, Tiffanny, Durand, Aurélia**: Das Buch vom Antirassismus, Zuckersüß Verlag 2020
- **Hasters, Alice**: Was weiße Menschen nicht über Rassismus hören wollen aber wissen sollten", Hanser Blau 2019
- **Bile, Amina, Nesrine Srour, Sofia, und Herz, Nancy**: Schamlos, Gabriel Verlag 2019

Magazine
- Literarische Diverse. Ein Magazin für junge und vielfältige Literatur
- DEFRAG Zine. für feministisch_utopische gedankenexperimente

Filme und Serien
- Netflix-Serie »Tote Mädchen lügen nicht«; »Sex Education«; »Dear White People«
- Funk-Serie »DRUCK«

Social Media-Accounts und Hashtags zu Seximusdebatten

· @erklaermirmal
· @wenigstenseinhuebschesgesicht
· @Wirmuesstenmalreden
· @saymyname_bpb
· @aufklo
· @wasihrnichtseht
· @black_is_excellence
· @hoe_mies
· @cijberlin
· @rosa_mag
· #iwasXyearsold, Kampagne initiiert von @thegirlwithsuninhersoul

Podcasts:

· Wakandische Welle
· Kanackische Welle
· Rice and Shine
· Feuer & Brot
· Black & Breakfast
· Weißabgleich
· Tupodcast

TOLERANZ TO GO
IM HOSENTASCHENFORMAT

Sonja Bullen
MUT TO GO
50 CHALLENGES FÜR MEHR
TOLERANZ UND OFFENHEIT
Einband von Frauke Schneider.
56 Karten. Ab 12 Jahren
EAN 4260160881574

Marmeladenbrot schmieren mit verbundenen Augen? In den Schuhen eines anderen laufen? Die Welt verändern? Mach dich frei von Klischees und angestaubten Denkmustern und stelle dich jeden Tag einer neuen Chaellenge. Probiere all die Dinge aus, die du schon immer machen wolltest, allein oder mit deinen Freunden.

Auf 50 Challenge-Karten warten humorvolle und intelligente Denkanstöße zu Themen wie Mut, Offenheit und Toleranz. Mit viel Platz zum Eintragen.

DRESSLER

*Weitere Informationen unter: **www.dressler-verlag.de***

100% TABUFREIE ZONE

Nina Brochmann · Ellen Støkken Dahl
SCHAMLOS SCHÖN
KLARTEXT ÜBER PUBERTÄT,
WIRRE GEFÜHLE UND DEN MUT,
DU SELBST ZU SEIN
Einband von Frauke Schneider.
264 Seiten. Ab 12 Jahren
ISBN 978-3-7915-0169-7

Erwachsenwerden ist kein Kinderspiel! Der Körper verändert sich und das Gehirn ordnet sich von Grund auf neu. Für Jugendliche ist es nicht immer leicht, die Entwicklung im eigenen Körper nachzuvollziehen. Die Autorinnen, die auch Ärztinnen sind, erklären Mädchen und jungen Frauen unverblümt, einfühlsam und humorvoll, was genau in der Pubertät passiert. Sie geben Tipps, verraten Geheimnisse und stehen mit Rat und Tat zur Seite.

Informativ und zugleich ungewöhnlich erfrischend!

DRESSLER

Auch als E-Book erhältlich.
*Weitere Informationen unter: **www.dressler-verlag.de***